财务管理与审计创新研究

崔　彬　著

中国原子能出版社

图书在版编目(CIP)数据

财务管理与审计创新研究 / 崔彬著. —北京:中国原子能出版社,2020.9（2021.9 重印）
ISBN 978－7－5221－0864－3

Ⅰ.①财… Ⅱ.①崔… Ⅲ.①财务管理—研究②财务审计—研究 Ⅳ.①F275②F239.41

中国版本图书馆 CIP 数据核字(2020)第 169902 号

财务管理与审计创新研究

出版发行 中国原子能出版社(北京市海淀区阜成路 43 号 100048)
责任编辑 胡晓彤
装帧设计 刘慧敏
责任校对 刘慧敏
责任印刷 肖会娟
印　　刷 三河市明华印务有限公司
经　　销 全国新华书店
开　　本 787 mm×1092 mm　1/16
印　　张 12.25
字　　数 210 千字
版　　次 2020 年 9 月第 1 版　2021 年 9 月第 2 次印刷
书　　号 ISBN 978－7－5221－0864－3　**定　价** 68.00 元

网址:http://www.aep.com.cn　E-mail:atomep123@126.com
发行电话:010－68452845

前言 PREFACE

财务管理是企业管理的重要内容，企业的管理水平的提升离不开财务管理的变革。由于市场经济形势的变化，财务管理工作面临着新的挑战，墨守成规不仅会造成企业资产的损失，更会造成企业发展的隐患。新的经济环境下，财务工作者也面临着新的挑战。因此，如何进行财务管理及审计创新来主动适应新经济下市场的变化，积极服务于企业的战略发展，是企业管理工作面临的新问题。

本书立足于财务管理与审计创新研究的实践，从财务管理概论出发，系统地对财务分析，营运资本管理，现代财务审计的目标，审计计划、重要性和审计风险，风险评估和应对，对特殊项目的考虑，完成审计工作等方面进行研究与讨论。希望通过本书的介绍，能够为促进财务管理与审计创新的研究发展提供帮助。

本书由崔彬（郑州旅游职业学院）著。在写作过程中，笔者参考了部分相关资料，获益良多。在此，谨向相关学者师友表示衷心感谢。

由于水平所限，有关问题的研究还有待进一步深化、细化，书中不足之处在所难免，欢迎广大读者批评指正。

著　者

2020 年 9 月

目录 CONTENTS

第一章　财务管理概论

第一节　财务管理概念

一、企业财务的概念

在市场经济条件下，财务既是一种普遍存在的社会现象也是一种经济现象，凡与市场经济有关的主体皆存在财务问题，小至个人、家庭，大到企业、国家。

企业财务是企业财务活动和财务关系的总称。财务活动是指企业再生产过程中存在的资本运动。财务关系是指企业在组织财务活动过程中与企业内外部有关各方发生的经济利益关系。

二、财务管理的概念

财务管理又称公司理财，是组织企业财务活动、协调财务关系的经济管理活动。财务管理是企业管理者立足于市场，运用恰当的方法筹集资本、运用资本，并在协调好财务关系的基础上实现财务管理目标的过程。

随着公司企业的兴起，企业财务活动变得复杂多样。到20世纪初，财务管理才独立于企业的其他管理活动，从而成为一门专门学科。财务管理最早被认为是微观经济理论的应用学科，是经济学的一个分支。财务管理融合了经济学、会计学、法律知识等多种学科知识，是一门综合性应用学科。

要深刻理解财务管理的内涵，就必须进一步掌握财务活动的内容和财务关系的构成。

三、财务活动

财务活动是指企业再生产过程中存在的资本运动，而企业资本运动包括筹集资本、运用资本、回收资本和分配资本，因此，财务活动包括筹资活动、投资活动、资金营运活动和利润分配活动四个方面。

(一)筹资活动

筹资是指企业为了满足投资和用资的需要,筹措和集中所需资本的过程。企业的生存和发展离不开资本的筹集,筹资是资本运动的起点。企业通过发行股票、发行债券、银行借款等方式筹集资本,会引发资金流入企业,企业偿还借款、支付利息和股利等会引发资金流出企业。这种因为资本筹集而产生的企业资金的流入和流出就是筹资活动。在筹资过程中,一方面企业要确定筹资的数量,以满足投资和用资的资本需求;另一方面要通过筹资渠道和筹资方式的选择确定合理的资本结构,努力降低资本成本。

(二)投资活动

投资是指为实现企业目标和财务管理目标,投入资本取得各种资产以获得盈利,不断增加企业价值的过程。企业将筹集到的资本用于购置固定资产、无形资产、购买其他公司股票和债券、与其他企业联营等,会导致资金流出企业,但企业收回投资时,会产生资金流入企业,这种因资本投资而产生的企业资金的流入和流出就是投资活动。通过资本投资,企业资本就由货币形态转化为实物形态。企业投资包括对外的长短期投资和对内的长短期投资。对内的短期投资是为维持企业的日常生产经营活动而发生的,属于企业资金营运范畴。在投资过程中,一方面企业要分析投资方案的收益,选择获得最大收益的项目;另一方面需要对投资方案的风险因素进行计量,从而判断选择投资方案。

(三)资金营运活动

企业在正常的经营过程中,当采购材料或商品、支付工资和其他费用时会引起资金流出企业,当企业销售产品或商品、采取短期借款筹集所需资金时会引起资金流入企业,这种因企业经营引起的企业资本流入和流出就是资金营运活动。在资金营运过程中,企业需要考虑加速资金周转、提高资金利用效率等问题。

(四)利润分配活动

企业在经营过程中产生的利润、对外投资分得的利润会使得资金流入企业,而企业按规定程序将利润以所得税形式分配给国家、以股利形式分配给投资者时会使得资金流出企业，这种因利润取得、分配而产生的企业资金流入和流出就是利润分配活动。在利润分配过程中，企业财务管理人员要根据企业自身的具体情况确定最佳的分配政策，努力使利润分配产生正面影响作用。

以上财务活动的四个方面构成完整的企业财务活动。因此，财务管理的基本内容包括企业的筹资管理、投资管理、资金营运管理和利润分配管理。

四、财务关系

企业最主要的财务关系有以下几方面。

（一）企业与其所有者之间的财务关系

企业的所有者按照企业章程、投资合同或协议的要求履行出资义务，形成企业的资本金，企业利用资本金经营实现利润后，按照公司章程或投资合同、协议的规定，向其所有者支付投资报酬，由此而产生的经济利益关系形成企业与其所有者之间的财务关系。企业的所有者可以是国家、法人单位、个人等，所有者对企业可以是独资、控股或参股。企业与其所有者所享有的权利与承担的责任各不相同，企业与其所有者之间的财务关系体现着经营权与所有权的关系。

（二）企业与其债权人之间的财务关系

债权人按借款合同或者债券发行规定或者商业信用等向企业提供资金、企业按规定按时支付利息和偿还本金，由此而产生的经济利益关系形成企业与其债权人之间的财务关系。企业的债权人可以是发放贷款的金融机构、债券投资者、商业信用提供者以及其他借出资金给企业的单位或个人。企业与其债权人之间的财务关系体现着债务与债权的关系。

（三）企业与其受资者之间的财务关系

企业按投资合同或者以购买股票的方式向其他企业投入资本金、按规定参与受资企业的利润分配，由此而产生的经济利益关系形成企业与其受资者之间的财务关系。企业向其他单位投资，可以是独资、控股和参股。企业与其受资者之间的财务关系体现着所有权性质的投资与受资关系。

(四)企业与其债务人之间的财务关系

企业以购买债券、按借款合同提供借款或者提供商业信用等形式将资金出借给其他单位,债务人按规定向企业支付利息和偿还本金,由此而产生的经济利益关系形成企业与其债务人之间的财务关系。企业借出资金可以获取一定的报酬,同时要承担坏账风险。企业与其债务人之间的财务关系体现着债权与债务的关系。

(五)企业内部各部门之间的财务关系

企业实行内部经济核算,企业内部各部门之间相互提供产品或劳务,要以内部价格进行结算,由此而产生的经济利益关系形成企业内部各部门之间的财务关系。企业内部各部门之间的财务关系体现着企业内部各部门之间的利益关系。

(六)企业与职工之间的财务关系

职工向企业提供劳动,企业根据职工提供劳动情况向职工支付工资、津贴和奖金等劳动报酬,由此而产生的经济利益关系形成企业与职工之间的财务关系。企业与职工之间的财务关系体现着职工和企业在劳动成果上的分配关系。

(七)企业与税务部门的财务关系

企业依照有关税法规定向国家税务部门纳税,税务部门依法征收税费,由此而产生的经济利益关系形成企业与税务部门的财务关系。政府要完成维护社会正常秩序、保卫国家安全等活动,必须要有一定的财政收入,因此,任何企业都要按照国家税法的规定缴纳各种税款,实现企业对国家的贡献。企业与税务部门的财务关系体现着强制的和无偿的分配关系。

五、企业组织形式

(一)企业的定义及功能

企业是一个契约性组织,它是从事生产、流通、服务等经济活动,以生产或服务满足社会需要，实行自主经营、独立核算、依法设立的一种营利性的经济组织。

企业作为国民经济的细胞，有着越来越重要的功能，主要表现在以下几方面：①企业是市场经济活动的主要参与者；②企业是社会生产和服务的主要承担者；③企业可以推动社会经济技术进步。

（二）企业的组织形式

企业组织形式的不同决定着企业财务组织形式、财务关系、财务风险和所采取的财务管理方式的差异。企业财务管理必须立足于企业的组织形式，因此，了解企业的组织形式非常有必要。

企业的组织形式有个人独资企业、合伙企业以及公司制企业三种形式。

1. 个人独资企业

个人独资企业是由一个自然人投资、财产为投资人个人所有，投资人以其个人财产对企业债务承担无限责任的经营实体。个人独资企业不具备法人资格，规模一般都较小，组织结构简单，大多数没有内部管理机构。个人独资企业具有的财务优势主要是：(1)法律对企业的管理比较松（由于企业业主个人对企业的债务承担无限责任），设立企业的条件不高，程序简单、方便；(2)企业所有权和经营权是一致的，财务管理决策权限集中，能够对经济变动做出快速反应；(3)所有者与经营者为一体，经营管理方式灵活，不需要缴纳企业所得税。

个人独资企业具有的财务劣势主要是：(1)企业规模小，筹资较困难，对债权人缺少吸引力，取得贷款的能力较差，因而难以投资经营一些资金密集、适合于规模生产经营的行业；(2)企业的生命有限，一旦企业主死亡或者被宣告死亡，无继承人或者继承人决定放弃继承，企业就会消亡；(3)企业所有权不容易转让；(4)独资企业抵御财务经营风险的能力低下。

2. 合伙企业

合伙企业是由两个或两个以上的自然人合资经营、由各合伙人订立合伙协议，共同出资，合伙经营，共享收益，共担风险，并对合伙企业债务承担无限连带责任的企业。合伙企业不具备法人资格。

除业主不止一个人外，合伙企业其他方面与个人独资企业类似。此外，《中华人民共和国合伙企业法》（以下简称《合伙企业法》）规定每个合伙人对企业债务须承担无限连带责任，如果一个合伙人没有能力偿还其应分担的债务，其他合伙人须承担连带责任；该法还规定合伙人转让其所有权时需要取得其他合伙人的同意，有时甚至还需要修改合伙协议。

与独资企业相比较，合伙企业的财务优势是：(1)合伙企业可以发挥每个合伙人的专长，有利于提高合伙企业的决策水平和财务管理水平；(2)筹资能力提高，有利于企业规模的扩大，降低了债权人提供资金的风险，企业筹资难度下降；(3)合伙人对合伙企业的债务承担无限连带责任，有助于增强合伙人的责任心，从而提高合伙企业的信誉。

合伙企业的财务劣势表现为：合伙企业的财务管理机制可能不适应社会快速多变的要求，因为合伙企业在重大财务决策问题上必须要经过全体合伙人一致同意后才能行动。由于合伙企业与个人独资企业存在着共同缺陷，所以一些企业尽管在刚成立时以独资或合伙的形式出现，但是在发展到某一阶段后会转换成公司制企业的形式。

3.公司制企业

公司(或称公司制企业)是指由两个以上投资人(自然人或法人)依法出资组建、有独立法人财产，自主经营、自负盈亏的法人企业。出资者按出资额对公司承担有限责任。

公司是经政府注册的营利性组织，独立于所有者和经营者，具有法人资格，即由法律赋予其权利能力。根据现行的《中华人民共和国公司法》(以下简称《公司法》)规定，公司企业分为有限责任公司和股份有限公司两种。

(1)有限责任公司

有限责任公司是指由50个以下股东共同出资，股东以其认缴的出资额为限对公司承担责任，公司以其全部资产为限对公司的债务承担责任的企业法人。有限责任公司简称为有限公司，依法设立的有限责任公司，必须在公司名称中标明有限责任公司或者有限公司字样。

(2)股份有限公司

股份有限公司是指全部注册资本由等额股份构成并通过发行股票筹集资本，股东以其所持股份为限对公司承担责任，公司以其全部资产对公司的债务承担责任的企业法人。股份有限公司简称股份公司，依法设立的股份有限公司，必须在公司名称中标明股份有限公司或者股份公司字样。

有限责任公司和股份有限公司的区别如下：其一，公司设立时对股东人数要求不同。设立有限责任公司的股东人数可以为 1 人或 50 人以下；设立股份有限公司，应当有 2 人以上 200 人以下为发起人，股东人数无上限规定。其二，股东的股权表现形式不同。有限责任公司的权益总额不等额划分，股东的股权多少是通过投资人所拥有的比例来表示的；股份有限公司的注册资本总额平均划分为相等的股份，股东的股权多少是通过投资人持有股份数量来表示的。其三，股份转让限制不同。有限责任公司的股东之间可以相互转让其全部或者部分股权，股东向股东以外的人转让股权，应当经其他股东过半数同意。股份有限公司可以发行股票，股票可以自由转让和交易。

公司制企业的优点：①容易转让所有权。公司的所有者权益被划分为若干股权份额，每个份额可以单独转让。②有限债务责任。公司债务是法人的债务，不是所有者的债务，所有者对公司承担的责任以其出资额为限。当公司资产不足以偿还其所欠债务时，股东无须承担连带清偿责任。③公司制企业可以无限存续。一个公司在最初的所有者和经营者退出后仍然可以继续存在。④公司制企业融资渠道较多，更容易筹集所需资金。

公司制企业的缺点：①组建公司的成本高。公司法对于设立公司的要求比设立独资或合伙企业复杂，并且需要提交一系列法律文件，花费的时间较长。公司成立后，政府对其监管比较严格，需要定期提交各种报告。②存在代理问题。所有者和经营者分开以后，所有者称为委托人，经营者称为代理人，代理人可能为了自身利益而伤害委托人利益。③双重课税。公司作为独立的法人，其利润需缴纳企业所得税，企业利润分配给股东后，股东还需缴纳个人所得税。

以上三种形式的企业组织形式中，个人独资企业占企业总数的比重很大，但是绝大部分的商业资金是由公司制企业控制的。

企业组织形式的差异导致财务管理组织形式的差异。在个人独资企业和合伙企业组织形式下，企业的所有权和经营权合二为一，企业的所有者同时也是企业的经营者，所有者享有财务管理的所有权利，相应地，所有者必须承担一切财务风险和责任，因此，独资企业和合伙企业实施财务不分层管理体制。在公司制企业组织形式下，所有权主体和经营权主体发生分离，公司的财务管理权相应分属于所有者和经营者两方面。因此，在公司制企业中，实施财务分层管理体制，即股东大会、经营者、财务经理三者分别按自身的权利和职责，对某一财务活动分别就决策、控制、监督三者间形成相互制衡的管理体制。

第二节 财务管理目标

一、企业财务管理目标理论

目标是指一个系统运行所希望实现的结果。企业财务管理目标就是财务管理系统运行所希望实现的结果。企业财务管理目标是由不同层次的系列目标所构成的，企业财务管理目标分为总目标、分部目标和具体目标三个层次。财务管理总目标是全部财务活动要实现的根本目标，具有导向性作用。有了明确合理的财务管理总目标，财务管理工作才有明确的方向。企业财务管理总目标是企业财务管理的出发点和归宿。因此，企业应根据自身的实际情况以及环境因素对企业财务管理的要求确定财务管理总目标。财务管理总目标取决于企业的总目标。财务管理分部目标是指企业进行某一部分财务活动(筹资活动、投资活动、资金营运活动、利润分配活动)所要达到的目标。财务管理具体目标是指从事某项具体财务活动所要达到的目标。财务管理分部目标和财务管理具体目标为财务管理总目标的实现提供保障。

本书介绍的财务管理目标是指总目标。企业财务管理目标主要有利润最大化、股东财富最大化、企业价值最大化、相关者利益最大化等四种具有代表性的理论。各种类型财务管理目标的出现是不同环境下的选择结果。

(一)利润最大化目标

利润最大化目标是指企业财务管理活动要实现的结果是实现利润最大化。企业以利润最大化作为财务管理目标时，企业利润总额越大越好，并且以利润作为评价和分析企业行为及经营业绩的标准。第一次世界大战之前，西方企业多为独资经营，企业扩大规模的主要方式是利润转化为资本。因此，利润最大化是那个时期企业财务管理的目标。在我国，计划经济转向市场经济之时，国家对国有企业经营业绩考核的主要指标是利润，因此，企业也就逐步以利润最大化作为财务管理的目标。

企业以利润最大化作为财务管理目标，其合理性在于：①人类从事生产经营活动的目的是创造更多的剩余产品，在市场经济条件下，剩余产品的多少一般是用利润的多少来衡量的。②在自由竞争的资本市场中，资本的最终使用权由获利最高的企业掌控，企业取得了资本也就等于取得了各种经济资源的支配权，取得资源的支配权可以使企业在竞争中处于有利地位。③每个企业都最大限度地获得利润，可以使社会的总体财富实现最大化，从而提高社会发展水平，带来社会的进步和发展。

利润最大化作为财务管理目标的优点在于：(1)利润是企业在一定期间全部收入和全部成本费用的差额，因此，是一项综合性指标，能在一定程度上衡量企业的整体经营状况和财务管理水平；(2)有利于企业资源的合理配置和整体经济效益的提高。企业追求利润最大化，就必然进行经济核算，加强管理，改进技术，提高劳动生产率，降低产品成本，这些措施的实施可以使得企业资源得以合理配置，促进企业整体经济效益的提高；(3)利润概念易于理解，计算简单，在实际应用中比较方便。

但是，资本市场的发展和完善，企业规模扩张的方式多样化，不再是单一的利润转变为资本，另外，随着现代企业的所有权和经营权的分离，与企业有关的利益集团越来越多，在这种环境下，以利润最大化作为企业财务管理目标不再恰当，以利润最大化作为企业财务管理目标存在以下缺陷：(1)没有考虑货币的时间价值。例如，企业 A 项目 5 年内每年获得利润 50 万元，B 项目 5 年后一次性获得 250 万元，应该选择哪个项目，在不考虑货币时间价值时，很难做出选择。可见在投资决策上，对未来年度的利润仅以数额大小来衡量，忽视现金流入时间，可能会导致错误的选择；(2)没有考虑风险问题。片面追求利润最大化，可能导致企业承担过大的风险；(3)没有考虑获得利润与投入资本之间的关系，就不能确定投入与产出的比例，也就不利于同一企业不同期间以及不同规模企业之间的比较；(4)追求利润最大化可能会导致企业管理层的短期行为，影响企业长远发展。例如，管理层为提高利润，而停止新产品的研发、怠于技术设备的更新、忽视社会责任的履行等。

利润最大化财务管理目标的另一种表现形式是每股收益最大化。每股收益把企业的利润和股东投入的资本联系起来了，用每股收益最大化作为企业的财务管理目标，除克服了利润最大化目标没有反映所创造利润与投入资本之间关系的缺陷外，每股收益最大化目标与利润最大化目标的其他缺陷基本相同。现实中，许多投资人都把每股收益作为评价公司业绩的重要标准之一。

(二)股东财富最大化目标

股东财富最大化目标是指企业财务管理活动要实现的结果是为股东带来最多的财富,在保证企业长期稳定发展的基础上使股东财富总价值达到最大。随着西方股份制企业的出现和发展,企业所有权和经营权相分离,所有者投资企业的目标是资产保值增值,促使企业财务管理目标由利润最大化转变为股东财富最大化。以股东财富最大化为财务管理目标,要求管理者在生产活动中选择能使未来支付给股东的利益最大且不确定性最小的方案。由于上市公司股东的财富是由股东所拥有股票的数量和股票的市场价格决定的,在股票数量一定时,股票价格达到最高,股东财富也就达到最大。所以,股东财富最大化目标也可以理解为股票价格最大化。

与利润最大化目标相比,以股东财富最大化为财务管理目标具有以下优点:(1)考虑了货币时间价值和风险因素。因为股票的市场价格具有时间性,股票价格的高低受风险大小的影响;(2)能反映投入资本与获利之间的关系;(3)在一定程度上能避免企业在追求利润上的短期行为。因为无论现在的利润还是未来利润的预期值都会对股票价格产生影响;(4)对上市公司而言,股东财富最大化目标比较容易量化,便于考核和奖惩。

但是,以股东财富最大化作为财务管理目标也存在以下缺陷:(1)过分强调股东利益,容易忽视企业其他利益相关者的利益;(2)一方面,股票价格受众多因素影响,包括内部因素和外部因素,企业不可能控制所有因素,把受不可控因素影响的股票价格作为企业财务管理目标本身就不尽合理;另一方面,当证券市场不完善时,有些影响股票价格的外部因素可能是非正常因素,因此股票价格的波动存在许多不合理的地方,股票价格也就不能完全准确反映企业财务管理状况,由此使得对股东财富的衡量缺乏合理客观的依据;(3)股东财富最大化目标通常只适用于上市公司,非上市公司难以应用,因为非上市公司无法像上市公司一样随时准确获得公司股票的市场价格。

(三)企业价值最大化目标

企业价值最大化目标是指在考虑货币时间价值和风险因素以及保证企业长期稳定发展的基础上,企业财务管理活动要实现的结果是使得企业总价值达到最大。企业价值最大化目标将企业长期稳定发展摆在首位。企业价值是指企业自身的含金量，即企业值多少钱，在现代资本市场中，对企业价值大小的评价，不仅看企业已经获得的利润水平，更看重企业潜在的获利能力，即企业未来现金流入的水平。因此，企业账面资产总价值不能代表企业的价值，企业价值是企业所有者权益和债权人权益的市场价值，或者是企业所能创造的预计未来现金流量的现值。

以企业价值最大化作为财务管理目标，具有以下优点：(1)考虑了货币的时间价值。因为以预计未来现金流量的现值代表企业价值，在预测未来现金流量时考虑了不确定性和风险因素，而现金流量的现值是以资金的时间价值为基础计算的；(2)考虑了风险与报酬的关系，强调了风险与报酬的均衡。企业价值与预期报酬呈正比，然而，报酬与风险同增，即获得的报酬越大，企业所承担的风险也越大，只有在风险与报酬的平衡点上企业的价值才能达到最大，因此，以企业价值最大化为财务管理目标，就必然考虑风险与报酬的关系；(3)将企业长期、稳定的发展和持续的获利能力放在首位，能克服企业在追求利润上的短期行为。因为不仅目前利润会影响企业价值，预期未来的利润对企业价值增加也会产生重大影响。

但是，以企业价值最大化为财务管理目标存在的缺陷在于过于理论化，不易操作，对于非上市公司而言，公司价值只能通过资产评估的方式取得，而在评估企业的资产时，由于受到评估标准和评估方式的影响，很难做到客观和准确。

(四)相关者利益最大化目标

相关者利益最大化目标是指企业财务管理活动要实现的结果是在企业价值增长中使得企业相关者利益达到最大。现代企业是多边契约关系的总和，因此，企业在从事经营活动时，除了应该考虑股东的利益之外，还应该考虑企业相关者的利益。企业利益相关者包括企业股东、债权人、员工、经营者、供应商、客户及政府。随着社会的进步和企业的发展，企业股东想要获得更多的投资收益，就必须依赖有才干的经营者和忠实员工给予的支持，只有当企业利益相关者的利益都得到保护和满足时，才能够实现企业价值最大化，股东的财富才能增加。因此，在确定企业财务管理目标时，要重视企业相关利益群体的利益。

相关者利益最大化财务管理目标的具体内容包括：(1)强调风险与报酬的均衡，将风险限制在企业可以承受的范围之内；(2)强调股东的首要地位，强调企业与股东之间关系的协调；(3)强调对企业经营者的监督和控制，要求建立有效的激励机制对经营者实施激励，以便企业顺利实施战略目标；(4)关心本企业普通员工的利益，创造优美和谐的工作环境和提供合理恰当的福利待遇，培养员工对企业的忠诚度，长期努力为企业工作；(5)不断加强与债权人的关系，培养可靠的资金供应者；(6)加强与供应商的协作，共同面对市场竞争，并注重企业形象的宣传，遵守承诺，讲究信誉；(7)关心客户的长期利益，以便保持销售收入的长期稳定增长；(8)积极承担社会责任，保持与政府部门的良好关系。

以相关者利益最大化作为财务管理目标有利于企业长期稳定发展，有利于实现企业经济效益和社会效益的统一。由于需要兼顾企业、股东、债权人、供应商、客户、员工、政府等相关者的利益，企业就会依法经营、依法管理，正确处理各种财务关系，承担一定的社会责任，从而实现合作共赢，可见企业在实现经济效益之时也取得了一定的社会效益。

上述各个财务管理目标都是一定环境下在前一个财务管理目标基础上考虑更多因素而总结出来的，因此，以上所述四种类型的财务管理目标在根本上并没有好坏之分，只是因环境的变迁、企业发展战略的不同致使制定的企业财务管理目标有所不同，因此，只要适合环境要求、有利于企业发展的就是合理的财务管理目标。就目前的环境，在企业利益相关者的利益受到保护免遭股东盘剥以及企业承担相应社会责任的前提下，股东财富最大化是企业财务管理的合理目标。

二、利益冲突与协调

企业相关者之间存在的利益冲突会影响企业财务管理目标的实现，因此，企业要实现财务管理目标就必须协调好各利益群体的利益冲突。协调企业相关者之间的利益冲突非常有必要。协调相关者利益冲突的总体原则是：在进行财务决策时，尽量减少各利益相关者之间的利益冲突，在企业相关者利益的分配上达到动态平衡。在所有相关者利益冲突与协调中，企业所有者与经营者、所有者与债权人的利益冲突与协调最为重要。

(一)所有者与经营者的利益冲突与协调

1.所有者与经营者利益冲突产生的原因

企业所有者与经营者利益冲突产生的原因在于两者目标不一致。由于现代企业所有权与经营权相分离，企业所有者与经营者之间是委托代理关系，企业所有者委托经营者管理企业，经营者接受委托为所有者的代理人，经营者一般对企业不存在所有权。企业所有者追求的目标是投入资本获利水平的最大化，保证资本的保值增值，实现股东财富的最大化。但是经营者作为所有者的代理人，有其自身利益的考虑，经营者追求的目标是在为股东创造财富的同时，获取更多的报酬、拥有更多的闲暇时间、从自身利益出发尽力避免承担更多的风险。经营者实现自身目标会以牺牲所有者利益为代价，就可能影响所有者目标的实现，如经营者获取更多报酬会使得资本获利水平下降，经营者增加闲暇时间、没有卖力工作可能导致资本获利水平下降，经营者不愿意进行高收益高风险的投资，可能使股东财富增长水平下降。此外，所有者与经营者之间存在信息不对称，导致所有者无法准确判断经营者的决策是否有利于企业财务管理目标的实现，经营者的这些行为取向属于道德风险，企业所有者无法利用法律手段追究其责任。由此可见，企业所有者与经营者由于委托代理关系而两者目标不一致必然导致利益冲突。

2. 所有者与经营者利益冲突的协调

所有者与经营者之间的利益冲突，可以通过激励、约束和惩罚机制来协调解决，具体包括以下几项。

(1)激励

激励就是将经营者的报酬与其绩效挂钩，促使经营者自觉地采取能提高股东财富最大化的办法。激励有两种具体方式：一是绩效股方式，就是企业运用每股收益、资产收益率等业绩评价指标评价经营者的业绩，并视其业绩大小给予经营者数量不等的股票作为报酬，如果经营者业绩未能达到规定目标将丧失原来持有的部分绩效股。这种方式可以刺激经营者不仅为多得绩效股而不断采取措施提高经营业绩，而且从自身利益出发会采取各种措施提高股票价格，从而增加所有者财富；二是实施股票期权计划，即允许经营者在未来某一时期以约定的价格购买本企业股票，股票市场价格高于约定价格的部分就是经营者所得到的报酬，这样经营者就有提升股票价格的动力，主动采取能提高企业股票价格的措施，从而使得所有者财富增加。

(2)接收

接收是一种通过市场约束经营者从而解决所有者与经营者利益冲突的办法。当经营者违背所有者目标导致企业经营业绩不佳或股票价格下跌时，企业就可能被其他企业接收或吞并，经营者可能会被解聘或经营者在市场中的身价下跌，经营者为了避免企业被接收导致自身利益受损，就会努力工作，积极采取有效措施提高股东财富，实现企业财务管理目标。

(3)解聘

解聘是一种通过所有者约束经营者从而解决两者利益冲突的办法。所有者对经营者予以监督，如果经营者没有积极实现所有者目标，经营业绩不佳，所有者就会解聘经营者，经营者为了不被解聘而自觉地采取能提高企业资本获利水平的措施，从而增加股东财富。

(二)所有者与债权人的利益冲突与协调

1.所有者与债权人利益冲突产生的原因

企业所有者与债权人利益冲突产生的原因在于两者目标发生矛盾，所有者在实施其财富最大化目标时会在一定程度上损害债权人的利益。企业债权人将资金出借给企业，目的是在期望风险程度上获得利息收入，按时收回本金，保证资金的安全。但是，当企业使用从债权人处借入的资金时，所有者为实现财富最大化可能改变资金原定用途，投资于比债权人期望风险更高的项目，造成债权人风险与收益不对等，资金失去安全性。因为项目投资成功，高风险带来的额外收益将归所有者独享，而债权人的报酬被固定在期望的低风险利率上；如果项目失败，债权人也将遭受损失，可见债权人承担的风险与得到的报酬是不对等的。此外，所有者可能在未征得现有债权人同意时举借新债，增大企业偿债风险，导致债权人的债权价值降低。

2.所有者与债权人利益冲突的协调

所有者与债权人的利益冲突，债权人可以通过采取以下对策来解决。

(1)限制性借债

限制性借债就是债权人通过在债务协议中设置限定性条款规定借债用途、设置借债担保条款和借债信用条件，保护自身利益免受侵害。

(2)收回借款或停止借款

当债权人发现企业有侵害其利益的意图时，采取拒绝与该企业有进一步的业务往来、收回债权、不再给予新的借款或要求较高利率以补偿可能遭受损失等措施，以此限制所有者的掠夺行为。

三、企业的社会责任

企业的社会责任是指企业在谋求实现财务管理目标之时应该承担的维护和增进社会利益的义务。企业应承担的社会责任主要包括以下内容。

（一）对员工的责任

企业除了有向员工支付报酬的法律责任外，还负有为员工提供安全工作环境、职工教育等保障员工利益的责任。我国《公司法》规定，企业对员工承担的社会责任主要是：①按时足额发放劳动报酬，并根据社会发展逐步提高工资水平。②提供安全健康的工作环境，加强劳动保护，实现安全生产，积极预防职业病。③建立公司职工的职业教育和岗位培训制度，不断提高职工的素质和能力。④完善工会、职工董事和职工监事制度，培育良好的企业文化。

（二）对债权人的责任

企业应依据合同约定以及法律规定，对债权人承担相应的义务，保障债权人合法权益。这种义务既是企业的民事义务，也可视为企业应承担的社会责任，企业对债权人承担的社会责任主要有：①按照法律、法规和公司章程的规定，真实、准确、完整、及时地披露公司信息；②诚实守信；不滥用公司人格；③主动偿债，不无故拖欠；④确保交易安全，切实履行依法订立的合同。

（三）对消费者的责任

公司价值的实现在很大程度上取决于消费者的选择，因此企业理应重视对消费者承担的社会责任，企业对消费者承担的社会责任主要有：①确保产品质量，保障消费安全；②诚实守信，确保消费者的知情权；③提供完善的售后服务，及时为消费者排忧解难。

（四）对社会公益的责任

企业对社会公益的责任主要涉及慈善、社区等。企业对慈善事业的社会责任是指承担扶贫济困和发展慈善事业的责任，表现为企业对不确定的社会群体（尤指弱势群体）进行帮助。企业承担社会公益责任的主要表现形式是捐赠，受捐赠的对象主要是社会福利院、医疗服务机构、教育事业、贫困地区、特殊困难人群等。此外，企业招聘残疾人、生活困难的人、缺乏就业竞争力的人进入企业工作，举办与公司营业范围有关的各种公益性的社会教育宣传活动等均为企业承担社会公益责任的表现。

（五）对环境和资源的责任

企业对环境和资源的社会责任主要包括以下两方面：一是承担可持续发展与节约资源的责任；二是承担保护环境和维护自然和谐的责任。

此外，企业还有义务和责任遵从政府的管理、接受政府的监督。企业要在政府的指引下合法经营、自觉履行法律规定的义务，同时尽可能地为政府献计献策、分担社会压力、支持政府的各项事业。

企业承担社会责任需要付出代价，从而增加企业成本，如果产品价格保持不变，就会降低企业的盈利水平及其在资本市场获取资源的能力，导致企业在竞争中处于不利地位，如果为了补偿成本而提高产品价格，必然降低企业产品的竞争力，不利于企业与同行业其他企业的竞争。一般而言，对一个利润或投资报酬率处于较低水平的公司，在激烈竞争的环境下，是难以承担额外增加其成本的社会责任的。虽然实现企业财务管理目标与承担社会责任之间存在矛盾，但企业有必要承担应尽的社会责任。因为企业承担社会责任有助于财务管理目标的实现。例如，企业不为员工提供合理的薪酬和安全的工作环境，就会挫伤员工的工作积极性，导致劳动生产率下降，影响企业盈利水平，对财务管理目标的实现带来负面影响。又如，企业不履行对消费者的社会责任，提供的产品存在安全隐患或者提供的售后服务不良，就会遭遇诉讼或面临失去顾客的风险，这就必然会提高企业的成本，不利于财务管理目标的实现。再如，企业通过捐赠承担社会公益责任，自觉改善自身的生态环境，重视履行对员工、消费者、环境、社区等利益相关方的责任，有助于提高企业的知名度，可以树立良好的社会形象从而有助于企业可持续发展，而消费者更愿意购买社会形象良好企业的产品，则有利于企业财务管理目标的实现。

企业或者自觉承担社会责任或者受法律、法规的强制而承担社会责任。社会倡导企业自觉承担社会责任，但大多数社会责任都是通过法律以强制的方式让每一个企业平均负担，这样可以维护自觉承担社会责任的企业的利益。强制企业承担社会责任的法规主要涉及劳动合同、产品安全、消费者权益保护、污染防治等方面。

第三节 财务管理环节和方法

财务管理环节是指企业财务管理工作的步骤与一般工作程序。企业财务管理一般包括财务预测、财务决策、财务计划和预算、财务控制、财务分析和考核等环节。前面环节是对后面环节的指导,后面环节是对前面环节的执行。

财务管理方法是指为了实现财务管理目标,在进行财务管理活动时采用的各种技术和手段。财务管理方法以财务管理环节为标准可分为财务预测方法、财务决策方法、财务计划与财务预算方法、财务控制方法、财务分析与考核方法等。

一、财务预测

(一)财务预测的概述

预测是根据事物过去发展变动的客观过程和某些规律性,参照当前已经出现和正在出现的各种可能性,运用数学和统计的方法,对事物未来可能出现的趋势或可能达到的水平进行的科学预计和推测。预测是一个思考的过程,是一种超前的思维,而超前思维有助于各种决策的制定。

财务预测是指为了正确决策,根据企业财务活动的历史资料,考虑现实的要求和条件以及将要出现的变化因素,运用财务预测方法,预计和测算企业未来财务活动及其结果变动趋势的活动。复杂多变的现代市场经济,要求企业财务工作者能够预测市场需求和企业环境的变化,针对种种不确定因素,及时做出财务预测分析,为企业战略性的经营决策提供依据。

进行财务预测是为了降低决策失误的概率。所以,财务预测是财务决策的基础。财务预测的具体内容包括筹资预测、投资预测、销售收入预测、成本费用预测、利润预测等。

财务预测的工作程序一般是:明确财务预测的对象和目的;收集和整理有关信息资料;选用特定的财务预测方法进行预测。财务预测应在分析相关资料的基础上进行,所谓资料是指财务历史数据资料,它是财务预测的依据,因为只有深入细致地了解企业财务活动的过去和现在，才有可能准确地判断它的未来。财务预测只能是在利用现代科学方法对有关资料进行详细分析的基础上进行，而不应当仅凭个人的主观判断进行臆测。财务预测是决策的主要参考资料之一，但并不是唯一的依据。财务预测在财务决策中的作用越来越大，成功的财务预测会给企业带来丰厚的利润回报；反之，将会给企业带来巨大的损失。

（二）财务预测方法

财务预测方法有许多，其中最常用的有 10 余种。财务预测方法按其性质不同分为定性预测法和定量预测法两大类。

1. 定性预测法

定性预测法是指由熟悉业务、具有一定理论知识和综合判断能力的专业人员或专家，利用直观材料，根据其丰富实践经验对事物未来的状况和趋势做出主观判断的预测方法，又称判断预测法。定性预测法适用于缺乏完备、准确的历史资料或影响因素复杂、需要对许多相关因素做出判断或客观上不具备定量预测条件等情况下采用。例如，销售预测要面对变化不定的外部市场，影响市场的因素较为复杂，因此销售状况的历史数据资料不适宜建立数据模型，由于需要对许多相关因素做出判断，而对有关未来销售情况的判断资料较容易获取，所以销售预测更适合采用定性预测法。定性预测法包括意见汇集法、专家意见法和调查研究法等具体方法。意见汇集法是由预测人员事先拟好提纲，向比较熟悉预测对象、并对其未来发展趋势比较敏感的各方面人员开展调查，广泛征求意见，把各方面意见进行整理汇集、综合分析评价后做出预测判断的方法。专家意见法是借鉴见识广、学有专长的专家经验进行预测判断的一种方法，又可分为特尔斐法和专家小组法。调查研究法就是通过调查预测对象有关的情况来预测其未来发展趋势和结果的方法。

2. 定量预测法

定量预测法是指根据收集的数据资料中变量之间存在的数量关系建立数学模型和采用统计方法对预测对象将来的发展趋势和结果进行预测的方法。定量预测法需要建立数学模型，逻辑严密可靠，预测结果比较客观。定量预测法在历史数据资料齐备、可以建立数学模型且环境比较稳定的情况下采用。定量预测法包括趋势外推预测法、因果预测法等具体方法。趋势外推预测法又称时间序列分析法，是一种将预测对象的历史数据按时间顺序排列，应用数学模型进行处理和分析，对预测对象未来发展趋势和结果进行预测的方法。趋势外推预测法包括简单平均法、移动加权平均法、指数平滑法等。因果预测法是从掌握的历史数据资料中，找出预测对象（因变量）与其相关联的因素（自变量）之间的依存关系，通过建立相应因果数学模型来对预测对象未来发展趋势和结果进行预测的方法。因果预测法包括高低点法、直线回归法、非线性回归法等具体方法。

二、财务决策

（一）财务决策概述

财务决策是指根据财务战略目标的总体要求，采用专门的方法从若干个备选财务活动方案中选出最优方案的过程。在市场经济条件下，财务决策是财务管理的核心，财务决策的成功与否直接关系到企业的兴衰成败。财务决策的基础是财务预测。财务决策的一般程序是，根据财务预测的信息提出问题；确定解决问题的备选方案；分析评价、对比各备选方案；拟定择优标准并选择出最优方案。

（二）财务决策方法

财务决策的方法主要有经验判断法、优选对比法、数学微分法、线性规划法、概率决策法等。经验判断法是指根据决策者的经验来判断最优方案进而做出决策的方法。常用的经验判断法有淘汰法、排队法、归类法等。

优先对比法就是把各种不同方案排列一起，对比其经济效益的好坏进而做出决策的方法。

数学微分法是根据边际分析原理，运用数学上的微分方法，对具有曲线联系的极值问题进行求解，确定最优方案进而做出决策的方法。在财务决策中，最优资本结构决策、现金最佳余额决策、存货的经济批量决策都要用到数学微分法。

线性规划法是根据运筹学原理，对具有线性联系的极值问题进行求解，确定最优方案进而进行决策的方法。

概率决策法就是在未来情况虽然不十分明了但各有关因素的未来状况及其概率可以预知，用概率法计算各个方案的期望值和标准离差，确定最优方案进而做出决策的方法。由于概率决策法往往把各个概率用树形图表示出来，因此有时也称之为决策树法。

三、财务计划与财务预算

（一）财务计划及方法

计划是指为了执行决策、实现活动目标而对未来行动与工作的安排方案。它告诉人们为实现既定目标需要在什么时间，由什么人，采取什么办法，去开展什么活动。

财务计划是根据企业整体战略目标和规划，以财务决策确立的方案和财务预测提供的信息为基础，并通过制定财务政策、规定财务工作程序、设计财务规则、编制财务预算而对财务活动进行规划的方案。财务计划主要通过指标和表格，以货币形式反映在特定期间（计划期）内企业生产经营活动所需要的资金及其来源、财务收入和支出、财务成果及其分配的情况。它是财务决策的具体化，是财务控制的依据。

确定财务计划指标的方法一般有平衡法、因素法、比例法和定额法等。平衡法是指在编制财务计划时，利用有关指标客观存在的内在平衡关系来计算确定计划指标的方法。因素法又称因素推算法，是指在编制财务计划时，根据影响某项指标的各种因素推算该计划指标的方法。比例法又称比例计算法，是指在编制财务计划时，根据企业历史已经形成且又比较稳定的各项指标之间的比例关系来计算计划指标的方法。定额法又称预算包干法，是指在编制财务计划时，以定额作为计划指标的一种方法。

（二）财务预算及方法

财务预算是根据财务战略、财务计划和各种预测信息，确定预算期内各种预算指标的过程，它是财务计划的分解和落实。财务预算具体包括销售预算、生产预算、成本预算、现金预算、资本支出预算、预计资产负债表、预计利润表和预计现金流量表等。

财务预算的编制方法通常包括固定预算与弹性预算、增量预算与零基预算、定期预算与滚动预算等。

四、财务控制

(一)财务控制的概念

财务控制是指利用有关信息和特定手段,对企业的财务活动施加影响或调节,以便实现既定财务目标的过程。如果不能有效地对财务活动施加影响或进行调节,就无法管理。财务控制措施一般包括预算控制、营运分析控制和绩效考评控制等。

(二)财务控制方法

财务控制的方法通常有前馈控制、过程控制和反馈控制三种。前馈控制是指通过对实际财务系统运行的监测,运用科学方法预测可能出现的偏差,采取一定措施使差异得以消除的一种控制方法。过程控制是指运用一定的方法对正在发生的财务活动进行的控制。反馈性控制是在认真分析的基础上,发现实际与计划之间的差异,确定差异产生的原因,采取切实有效的措施,调整实际财务活动或调整财务计划,使差异得以消除或避免今后出现类似差异的一种控制方法。

五、财务分析与考核

(一)财务分析及方法

财务分析是指根据企业财务报表等信息资料,采用专门方法,系统分析和评价企业财务状况、经营成果以及未来趋势的过程。通过财务分析,可以掌握各项财务计划指标的完成情况,评价财务状况,研究和掌握企业财务活动的规律性,改善财务预测、决策、计划和控制,提高企业经济效益,改善企业管理水平。

财务分析的方法通常有比较分析法、比率分析法、综合分析法等。比较分析法是指把主要项目或指标数值及其变化与设定的标准进行对比,以确定差异,进而分析、判断及评价企业经营与财务等情况的方法。比率分析法是指利用项目指标之间的相互关系,通过计算财务比率来观察、分析及评价企业财务状况、经营业绩和现金流量等财务及经营情况的分析方法。因素分析法是指依据财务指标与其影响因素之间的关系，按照一定的方法分析各因素对财务指标差异影响程度的一种分析方法。

(二)财务考核

财务考核是指将报告期实际完成数与规定的考核指标进行对比，确定有关责任单位和个人完成任务程度的过程。财务考核与奖惩紧密联系，是贯彻责任制原则的要求，也是构建激励与约束机制的关键环节。

财务考核指标的形式多种多样，可以用绝对指标、相对指标、完成百分比进行考核，也可采用多种财务指标进行综合评价考核。

第四节　财务管理环境

一、财务管理环境概念

企业财务管理环境又称理财环境，是指对企业组织财务活动和协调财务关系产生影响的内外部各种因素的总和。任何事物总是和一定的环境相联系的，企业财务管理过程中不可避免地受到多种因素的影响，财务管理者只有对企业所处的理财环境进行充分的了解与分析，才能制定出符合企业自身发展特点的理财目标和财务战略。

企业财务管理环境按其范围分为宏观理财环境和微观理财环境。宏观理财环境是指对企业财务管理产生影响作用的宏观方面的各种因素，包括国家政治、法律制度、经济体制、经济发展水平、金融市场状况等。宏观理财环境是由企业无法控制的因素构成，是企业财务管理的外部环境。微观理财环境是指只对某一特定企业财务管理产生影响作用的微观方面的各种因素，如企业组织形式、企业的生产经营水平、企业内部管理水平、营销状况等。微观理财环境基本上是由企业可以控制的因素构成的，是企业财务管理的内部环境。

二、经济环境

经济环境是指对企业财务管理产生影响作用的各种宏观经济因素。相对于其他外部环境因素，经济环境对财务管理起着决定性作用，是最为重要的理财环境。

经济环境构成内容非常广泛，主要包括经济体制、经济发展水平、经济周期、宏观经济政策、通货膨胀水平等因素。

（一）经济体制

经济体制是指一定区域内（通常是国家）制定并执行经济决策的各种机制的总和。经济体制有计划经济体制和市场经济体制之分。经济体制决定着企业经济资源的配置以及宏观调控的方式，进而影响企业的经济核算制度和运作管理方式。计划经济体制是一种集权化的经济体制，资源配置是根据计划指令进行的，企业只是被动地接受指令，企业虽然是一个独立的核算单位但无独立的理财权力，财务管理活动的内容比较单一，财务管理方法比较简单。市场经济体制是一种分权化的经济体制，资源配置是根据市场信息进行调节的，决策分散于各个层次的单位，企业有独立的经营权和财务决策权，企业财务管理有更多机会和更大的必要去发挥其主观能动性，因此，财务管理活动的内容比较丰富，财务管理的方法复杂多样。

（二）经济发展水平

财务管理的发展水平是和经济发展水平密切相关的，经济发展水平的提高，将改变企业的财务战略、财务理念，财务管理模式及方法手段，从而促进企业财务管理水平的提高。发达国家经济发展水平较高，有着复杂的经济关系以及更为完善的生产方式，使其企业财务管理内容丰富，财务管理方法科学严密；发展中国家的经济发展水平快速提高，使其企业财务管理内容和方法随着经济发展而快速更新。财务管理水平的提高，将推动企业降低成本，改进效率，提高效益，从而促进经济发展水平的提高。在我国国民经济快速增长之时，企业为了维持其行业地位必须按照至少相同的速度增长，就要有一定规模的投资，扩大企业规模，这就要求企业财务管理人员积极地探索与经济发展水平相适应的财务管理模式。

（三）经济周期

在市场经济条件下，经济发展大体上呈周期性波动趋势，经历复苏、繁荣、衰退和萧条四个阶段的循环，这种周期性特征影响着企业的财务管理。在经济周期的不同阶段，企业应采用不同的财务管理战略。

(四)宏观经济政策

宏观经济政策包括国家的产业政策、经济发展计划、财税政策、外汇政策、外贸政策、货币政策、价格政策等。不同的宏观经济政策,影响着企业财务管理的不同方面。如货币政策中的货币发行量、信贷规模会影响企业投资的资金来源和投资的预期报酬;财税政策会影响企业的资本结构和投资项目的选择;价格政策会影响资金的投向和投资的回收期及预期报酬等。顺应经济政策的导向则企业可能获得一定的经济利益,因此,财务管理人员应该认真研究政府的经济政策,努力按照政策导向行事,并预见经济政策的变化趋势能更好地实现企业的理财目标。

(五)通货膨胀水平

通货膨胀是指流通中的纸币量超过了商品流通的实际需要量,从而引起纸币贬值、物价上涨的现象。通货膨胀对企业财务活动有着重要影响。通货膨胀会引起企业资本占用增加,进而增加企业的资本需求量,引起资金供应紧张,增加企业筹资困难;通货膨胀会引起利率上涨,从而导致企业筹资成本增加;通货膨胀水平持续攀高,会引起股票价格持续下跌,增加企业筹资难度;通货膨胀会引起利润虚增,造成企业资金由于利润分配而流失。为了减轻通货膨胀对企业造成的损失,企业财务管理人员应当对通货膨胀有所预期,并采取相应的措施予以防范。如在预期通货膨胀到来的初期,货币面临贬值的风险,这时企业进行投资可以避免风险,实现资本保值;与客户应签订长期购货合同,以减少物价上涨造成的损失;取得长期负债,保持资本成本的稳定。在通货膨胀的持续期,企业可以采用比较严格的信用条件,减少企业债权;调整财务政策,防止和减少企业资本流失等。

三、金融环境

由于企业需要资金从事投资和经营活动,而这些资金的筹集大多依赖金融机构和金融市场,因此,金融环境是与企业财务活动最密切相关的环境因素之一。金融市场的效率、金融机构的设立、金融政策的实施和变化、市场利率的变化等都会直接对财务管理活动产生影响。

(一)金融市场、金融工具和金融机构

1.金融市场

金融市场是指资金供应者和资金需求者借助金融工具达成交易实现融通资金的场所,是实现货币借贷和资金融通、办理票据和有价证券交易活动的市场。金融市场的基本构成要素有交易主体、交易客体、交易价格、金融管理机构。金融市场交易主体就是金融市场的参与者,是参与金融市场交易活动的资金供应者和需求者,主要有居民、企业、金融机构和政府等。金融市场交易客体即金融工具,是指金融市场中交易的产品。交易价格是指一定时期内单位资金使用权的价格,一般表现形式是利率。金融管理机构是指为了维护金融市场秩序、保护交易公平合法的管理机构,如中国人民银行、证券监督委员会、保险监督委员会等。金融市场组织金融资产的交易,其主要功能是实现资源配置,即把社会各单位和个人的剩余资金有条件地转移给缺乏资金的单位和个人,使财尽其用,促进社会发展。在金融市场上,资金的转移方式有直接转移和间接转移两种。直接转移是指需要资金的企业或其他资金不足者直接将股票或债券出售给资金供应者,从而实现资金转移的方式。间接转移是指需要资金的企业或其他资金不足者,通过金融中介机构,将股票或债券出售给资金供应者;或者以他们自身所发行的证券来交换资金供应者手中的资金,再将资金转移到各种股票或债券的发行者(即资金需求者)手中,从而实现资金转移的方式。金融市场对企业财务活动的影响主要有:一是为企业融资和投资提供了场所;二是可以帮助企业实现长短期资金转换,引导资本流动(金融市场上资本供求双方的竞争形成了资本的价格,资本价格又调节着资本的流向,促使资本在各产业部门之间进行再分配,从利润率较低的部门流向利润率较高的部门)。三是金融市场为企业财务管理提供决策所需相关信息。资金供求状况、宏观经济状况以及国内外有关的政治、社会的信息都会在资本市场中迅速传递并影响着市场动态,最终通过利率和证券价格体现出来,这些信息是企业进行财务管理的重要依据。

2.金融工具

金融工具是资金供应者将资金转移给资金需求者的凭据和证明,又称金融资产。金融工具按期限性分为长期和短期金融工具;金融工具按融资形式分为

直接和间接金融具，直接金融工具是指资金供求双方直接进行资金融通时所使用的金融工具，如股票、债券等。间接金融工具是指资金供求双方通过银行等金融中介机构进行资金融通时所使用的金融工具，如银行存单等。金融工具按权利与义务可分为所有权凭证和债务凭证；金融工具按是否与直接信用活动相关可分为原生金融工具和衍生金融工具两大类。原生金融工具又称基本金融工具，是在实际信用活动中产生的能证明债权债务关系或所有权关系的合法凭证，主要有货币、票据、债券、股票、基金等凭证；衍生金融工具是在原生金融工具基础上通过特定技术设计所派生出来的金融工具，如各种远期合约、期货、掉期、互换、期权等，衍生金融工具具有高风险、高杠杆效应的特点。金融工具一般具有期限性、流动性、风险性和收益性等特征。期限性是指金融工具支付前的时间长度是有期限的，但各种金融工具的期限特征不尽相同，如活期存款（零到期日）和股票（无到期日）的期限特征是不相同的。流动性是指金融：工具在不受损失的情况下迅速转变为现金的能力。风险性是指投资金融工具的本金和预期报酬遭受损失的可能性。收益性是指金融工具能定期或不定期给持有人带来报酬。

3. 金融机构

金融机构是依法设立经营金融业务的经济组织，金融机构是金融市场的一个重要组成部分，它不仅创造便于金融交易的金融工具，还能够推动资金在金融活动参与者之间的流转。我国的金融机构分为银行类金融机构和非银行类金融机构两大类。银行类金融机构包括中央银行、政策性银行和商业银行三类。商业银行是指能吸收活期存款、具有广泛业务（存贷款业务、信托业务、租赁业务、中间业务和其他非信用业务）的金融机构，如中国工商银行、中国农业银行、中国银行、中国建设银行、中国民生银行、交通银行等。政策性银行是指由政府发起、出资成立，为贯彻和配合政府特定经济政策和意图而进行融资和信用活动的金融机构。政策性银行不以营利为目的，在特定的业务领域内，直接或间接地从事政策性融资活动，我国的政策性银行有中国农业发展银行（主要承担农业政策性扶植业务）和中国进出口银行（主要承担大型机电设备进出口融资业务）。非银行金融机构是银行以外的各类金融机构，包括保险公司、信托投资公司、证券公司、财务公司、金融资产管理公司、金融租赁公司等。

（二）金融市场的分类

金融市场可以按照不同的标准进行分类。

1. 以融资对象为标准划分

以融资对象为标准，金融市场分为资金市场、外汇市场和黄金市场。资金市场以货币为交易对象；外汇市场以各种外汇金融工具为交易对象；黄金市场则是集中进行黄金买卖和金币兑换的交易市场。

2. 以地理范围为标准划分

以地理范围为标准，金融市场分为国内金融市场和国际金融市场。

3. 以所交易金融工具属性为标准划分

以所交易金融工具属性为标准，金融市场分为基础性金融市场和金融衍生品市场。

基础性金融市场是指以基础性金融产品为交易对象的金融市场，如商业票据、企业债券、企业股票的交易市场；金融衍生品交易市场是指以金融衍生产品为交易对象的金融市场，如远期、期货、掉期（互换）、期权的交易市场，以及具有远期、期货、掉期、互换、期权中一种或多种特征的结构化金融工具的交易市场。

4. 以功能为标准划分

以功能为标准，金融市场分为发行市场和流通市场。发行市场又称为一级市场，它主要处理金融工具的发行与最初购买者之间的交易；流通市场又称二级市场，它主要处理现有金融工具转让和变现的交易。

5. 以交割期限为标准划分

以交割期限为标准，金融市场分为现货市场和期货市场。现货市场是指在成交后 1～5 日内付款交割的金融市场；期货市场是指在成交之后，按合约所规定的日期（一般是几周或几个月）才交割的金融交易市场。

6. 以期限为标准划分

以期限为标准，金融市场分为货币市场和资本市场。

（三）货币市场

货币市场又称短期金融市场，是指以期限在1年以内的金融工具为媒介，进行短期资金融通的市场。货币市场的主要特点是：①期限短。一般为3～6个月，最长不超过1年；②交易目的是解决短期资金周转。它的资金来源主要是资金所有者暂时闲置的资金，融通资金是为了弥补短期资金的不足；③货币市场上的金融工具具有流动性强、价格平稳、风险较小等特性。货币市场主要有银行同业拆借市场、票据贴现市场、可转让大额定期存单市场、回购市场和短期债券市场。银行同业拆借市场是指银行（包括非银行金融机构）同业之间短期的资金借贷市场，其交易金额数量巨大，拆解期限很短，期限按日计算，一般是隔夜拆借，也有7天、14天的，最长不超过1个月。同业拆借一般没有固定的场所，主要通过电讯手段成交。票据市场包括票据承兑市场和票据贴现市场。票据承兑市场是票据流通转让的基础；票据贴现市场是指办理未到期票据转让的短期融资市场，票据贴现包括贴现、再贴现和转贴现。办理贴现业务的金融机构一般是商业银行，办理再贴现业务的金融机构一般是中央银行。可转让大额定期存单市场是指交易银行发行的可转让大额定期存单的市场，可转让大额定期存单是商业银行发行的证明存款人在银行存款的凭证，由于在到期前可以转让，在存单到期之前不会发生提前取款的问题，因此，可转让大额定期存单使得商业银行存款稳定，提高了银行的竞争能力。短期债券市场是指买卖期限在1年以内的短期企业债券和政府债券的市场。短期债券以其信誉好、期限短、利率优惠等优点，成为货币市场中的重要金融工具之一。

（四）资本市场

资本市场又称长期金融市场，是指以期限在1年以上的金融工具为媒介，进行长期资金交易活动的市场。资本市场的主要特点是：①融资期限长。至少1年以上，最长可达十几年；②融资目的是解决长期投资性资本的需要，用于补充长期资本，扩大生产能力；③资本借贷量大；④收益较高但风险也较大。资本市场主要包括债券市场、股票市场和融资租赁市场等。债券市场和股票市场又分为证券

（债券和股票）发行市场和证券流通市场。有价证券的发行是一项复杂的金融活动，一般要经过以下几个重要环节：①证券种类的选择；②偿还期限的确定；③发售方式的选择。在证券流通中，参与者除了买卖双方外，中介也非常活跃。这些中介主要有证券经纪人、证券商，它们在流通市场中起着不同的作用。融资租赁市场是通过资产租赁实现长期资金融通的市场，它具有融资与融物相结合的特点，融资期限一般与资产租赁期限一致。

四、法律环境

（一）法律环境的范畴

法律环境是指对企业财务管理产生影响作用的各种法律、法规和规章制度。企业的一切经济活动总是在一定法律规范内进行的，企业开展财务活动，在与外部发生经济关系时必然受到法律规范的约束和保护。因此，法律环境也是企业财务管理最重要的环境之一。

财务管理的法律环境主要由企业组织法律、法规，财务会计法律、法规，税法及其他经济法律、法规等构成。

1. 企业组织法律、法规

企业组织法律、法规是指对企业的设立、生产经营活动、变更、终止等行为进行规范的法律、法规，主要包括《公司法》《中华人民共和国个人独资企业法》《合伙企业法》《中华人民共和国外资企业法》《中华人民共和国中外合资经营企业法》《中华人民共和国中外合作经营企业法》等。企业组织法律、法规规定了不同组织形式的企业设立的条件、设立的程序、组织机构的设置、企业变更和终止的条件和程序。如《公司法》规定了公司组建的条件和程序，公司成立后，公司的财务活动不能违反《公司法》的规定，由此可见，《公司法》是影响公司财务管理最重要的法律、法规。

2. 财务会计法律、法规

财务会计法律、法规是指对企业的财务会计活动进行规范的法律、法规，主要包括《中华人民共和国会计法》《企业财务通则》《企业会计准则》《企业会计制度》等。其中《企业财务通则》是各类企业进行财务活动、实施财务管理的基本规范。

3. 税法

税法是国家制定的用于调整国家与纳税人之间在征纳税方面权利与义务的法律、法规，主要包括流转税、所得税、财产税、行为税、资源税等。流转税是以流转额为征税对象的一类税，主要包括增值税、消费税和关税等税种。所得税是指以各种所得额为征税对象的一类税，是我国税制结构中的主体税类，主要包括企业所得税、个人所得税等税种。财产税是指以纳税人所拥有或支配的财产为征税对象的一类税，主要包括房地产税、契税等税种。行为税是指以纳税人的某些特定行为为征税对象的一类税，主要有城市维护建设税、固定资产投资方向调节税、印花税等税种。资源税是指对在我国境内从事资源开发的单位和个人征收的一类税，主要有资源税、土地增值税、耕地占用税和城镇土地使用税等税种。税负作为企业的一项支出，其数额大小直接影响企业税后利润的多少，税务问题与企业筹资决策、投资决策、利润分配决策密切相关，因此，税收是企业财务管理进行各项财务决策必须考虑的一项重要内容，企业通过合理税收筹划可以最大限度地增加自身收益。

其他与企业财务管理有关的经济法律、法规主要是证券法规、支付结算办法等。

（二）法律环境对企业财务管理的影响

法律环境对企业组织形式、公司治理结构、融资活动、投资活动、日常生产经营活动、收益分配活动等产生影响作用。例如，企业的组织形式有个人独资企业、合伙企业和公司制企业三种形式，企业组织形式不同，法律规定的业主权利与责任、企业收益分配、纳税、信息披露等要求就不相同，法律环境从不同方面约束企业的经济行为，对企业财务管理产生重大影响。

1. 法律环境对企业筹资的影响

影响企业筹资的法律、法规主要有《中华人民共和国公司法》《中华人民共和国证券法》《中华人民共和国证券交易法》《合同法》和相关税法等。

这些法律、法规对企业筹资数量的确定、筹资渠道和筹资方式的选择、资本结构决策都产生影响。例如，企业进行筹资决策需要考虑资本成本的减税功效，还必须充分考虑投资收益率、负债成本率、财务风险及其相应税收筹划带来的收益，以此决定筹资方案，确定最佳资本结构。

2.法律环境对企业投资的影响

影响企业投资的法律、法规主要有《中华人民共和国证券交易法》《中华人民共和国公司法》《企业财务通则》和相关税法等。这些法规对企业投资规模、投资方向、投资方式、投资地域分布等方面的决策都会产生影响。例如,税收优惠政策的目的之一便是调整产业结构。在我国投资于高新技术企业、出口企业、基础设施企业、知识密集型企业均能获得税收上的优惠。如果企业投资于这些产业,将减轻其税负,取得较高的投资利润。因此,企业在进行投资方向决策时必定会受税收优惠政策的影响。

3.法律环境对企业资金营运的影响

影响企业资金营运的法律、法规主要有企业财务通则、企业会计准则、税法、支付结算办法等。这些法律、法规影响着营运资金规模、资产的计价、成本费用的确认和计量等。

4.法律环境对企业利润分配的影响

影响企业利润分配的法律、法规主要有公司法、税法、企业财务通则等。例如,《公司法》规定"公司分配当年税后利润时,应当提取利润的10%列入公司法定公积金。公司法定公积金累计额为公司注册资本的50%以上的,可以不再提取。公司的法定公积金不足以弥补以前年度亏损的,在依照前款规定提取法定公积金之前,应当先用当年利润弥补亏损",此规定直接影响企业可分配的利润数额,进而影响利润分配政策的制定。

除上述的经济环境、金融环境和法律环境以外,社会文化环境和技术环境对企业财务管理的影响也不小。社会文化环境包括教育、科学、文艺、世界观、价值观、道德观念等。社会文化环境会影响财务管理人员的水平、职业素质、职业道德、社会地位等,影响财务管理所运用的方法和手段的先进程度,进而影响财务管理实践的发展和理论的研究。技术环境是指财务管理得以实现的技术手段和技术条件,它决定着财务管理的效率和效果。目前,我国进行财务管理所依据的会计信息是通过会计信息系统所提供,占企业经济信息总量的60%~70%,我国企业会计信息化的全面推进,必将促使企业财务管理的技术环境进一步完善和优化,企业财务管理的效率将会进一步提高。

第二章　财务分析

第一节　财务分析概述

财务分析(financial analysis)是以企业的财务报表等资料为基础,对企业的财务状况和经营成果进行分析和评价的一种方法。财务分析是财务管理的重要方法和重要环节之一。

不同的利益集团进行财务分析的侧重点有所不同。供应商主要关心企业的流动性,关心企业在短期内能否及时偿付货款。债券持有人作为长期债权人,关心企业在较长时期内偿还债务的能力,他们较看重企业的资本结构、资金来源和运用渠道、获利能力等指标,以及未来的盈利能力。股票投资者主要关心企业当前和今后的盈利能力、获取利润的稳定程度以及相对于其他企业的竞争优势。企业管理者则关心所有方面,因为管理者对企业负责,既要满足债务人的要求,又要满足股东的要求。因此,管理者更应精通财务分析,尤其是盈利能力和资产管理效率方面的分析。

一、财务分析的信息基础

企业进行财务分析需要以一定的信息为基础。财务报表是财务分析的主要信息来源。财务报表是企业定期发布的关于公司过去的绩效信息和公司资产及其融资来源"快照"的会计报告投资者、财务分析师以及其他外部利益相关者(如债权人)可以通过它获得关于企业的信息:企业管理者也可以利用财务报表进行分析帮助其制订财务决策。

企业的财务报表主要包括资产负债表、利润表、现金流量表、所有者权益变动表。这些报表集中、概括地反映了企业的财务状况、经营成果和现金流量情况等财务信息,对这些报表进行分析,可以系统地揭示企业的偿债能力、资金营运能力、获利能力等有关信息。

(一)资产负债表

资产负债表(balance sheet)是反映企业一定日期财务状况的会计报表。它以

“资产＝负债＋所有者权益”这一会计等式为依据，按照一定的分类标准和次序反映企业在某一个时点上资产、负债及所有者权益的基本状况。

资产负债表的左方反映企业的资产状况，资产按其流动性从大到小分项列示，顺次为流动资产、长期投资、固定资产、无形资产、递延资产和其他资产等。资产负债表的右方反映企业的负债与股东权益状况，它说明了企业资金的来源情况，即有多少来源于债权人，有多少来源于企业所有者的投资。

（二）利润表

利润表（income statement）也称损益表，是反映企业在一定期间生产经营成果的财务报表。利润表是以“利润＝收入－费用”这一会计等式为依据编制而成的。通过利润表可以考核企业利润计划的完成情况，分析企业的获利能力以及利润增减变化的原因，预测企业利润的发展趋势，为投资者及企业管理者等各方面提供财务信息。

企业的利润因收入与费用的不同配比，可以分为营业利润、利润总额（税前利润）和净利润三个层次。营业利润是营业收入减去营业成本、营业税金、营业费用、管理费用、财务费用等后的利润，主要反映企业的经营所得；营业利润加上营业外收支净额后就是利润总额，是计算所得税的基础；利润总额扣除应纳的所得税后就是企业的净利润，这是企业所有者可以得到的实际收益。

（三）现金流量表

利润表给出了企业在某个特定会计期间的利润，但该利润并不代表企业获得的现金。净利润与获得的现金不相符的原因有两个：第一，利润表中有非现金项目，如折旧和摊销；第二，某些现金的使用（如购置楼房或存货支出）以及现金的来源（如应收账款的收回），没有在利润表中得到反映。现金流量表（cash flow statement）是以收付实现制为基础编制的，反映企业一定会计期间内现金及现金等价物流入和流出信息的动态报表。分析者可以利用现金流量表了解和评价企业获取现金和现金等价物的能力，并据以预测企业未来现金流量。现金的重要性体现为企业需要用现金支付账单，维持日常经营，而且它还是投资者投资回报的来源。

现金流量表分为三部分：经营活动现金流量、投资活动现金流量和融资活动现金流量。第一部分为经营活动现金流量，反映由于企业正常经营活动，如销售商品、提供劳务收到的现金或者购买商品、接受劳务支付的现金等而引起的现金流量；第二部分为投资活动现金流量，反映由于企业投资活动，如购置厂房、机器设备以及处置固定资产等而产生的现金流量；第三部分为筹资活动现金流量，反映由于筹资活动，如吸收投资、取得借款而获得现金以及分配股利、利润或者偿还债务等而引起的现金流量。

二、财务分析基本方法

企业进行财务分析，还需要应用相应的分析方法。只有借助科学的分析方法，才能深入了解企业的财务状况和经营业绩。常用的财务分析方法主要有比较分析、比率分析等。

比较分析是最基本的财务分析方法。没有比较，就没有鉴别。所谓比较分析法，就是将两个具有可比性的数据或者指标进行对比，从而揭示企业财务状况或者绩效差异的分析方法。

比率分析是最重要的财务分析方法。所谓比率分析法，就是将财务报表中的有关项目进行对比，通过计算比率，来揭示企业财务状况和经营状况的分析方法。

除此之外，还有结构分析、指数分析以及因素分析等方法。

第二节　财务比率分析

按照财务比率所反映的财务状况或业绩的具体内容，财务比率可以分成以下类型：盈利能力比率、经营效率比率、流动性比率、杠杆比率和市场价值比率。

一、企业盈利能力分析

盈利能力是指企业赚取利润的能力。企业作为经济实体，其目标是追求盈利，盈利不仅关系到企业所有者的利益，也是企业偿还债务的一个重要来源。盈利能力分析是评价企业经营管理水平的重要依据。

评价企业获利能力的财务比率主要有资产报酬率、股东权益报酬率、销售毛利率与销售净利率等。

(一)资产报酬率

资产报酬率(return on assets,ROA),也称资产收益率、资产利润率或投资报酬率,是企业在一定时期内的净利润与资产平均总额的比率。其计算公式为:

资产报酬率=净利润/资产平均总额×100%

资产报酬率主要用来衡量企业利用资产获取利润的能力,它反映了企业总资产的利用效率。这一比率越高,说明企业的获利能力越强。

在分析企业的资产报酬率时,通常要与该企业前期、与同行业平均水平和先进水平进行比较,这样才能判断企业资产报酬率的变动趋势以及在同行业中所处的地位,从而可以了解企业的资产利用效率,发现经营管理中存在的问题。

(二)股东权益报酬率

股东权益报酬率(return on equity,ROE),也称净资产收益率或所有者权益报酬率,它是一定时期内企业的净利润与股东权益平均总额的比率。其计算公式为:

股东权益报酬率=净利润/股东权益平均总额×100%

股东权益平均总额=(期初股东权益+期末股东权益)/2

股东权益报酬率是评价企业获利能力的一个重要财务比率,它反映了企业股东获取投资报酬的高低。该比率越高,说明企业的获利能力越强。

(三)销售毛利率

销售毛利率(gross profit margin),也称毛利率,是毛利润与营业收入之比。其计算公式为:

毛利率=毛利润/营业收入×100%=(营业收入-营业成本)/营业收入×100%

销售毛利率反映了企业销售商品在扣除其生产成本后的获利能力。毛利率越高,说明企业通过产品销售获取利润的能力越强。

(四)销售净利率

销售净利率(net profit margin)是企业净利润与营业收入的比率。其计算公式为:

销售净利率＝净利润/营业收入×100％

销售净利率反映了企业销售收入扣除全部费用和所得税后的获利程度。该比率越高，表明企业通过扩大销售获取收益的能力越强。

二、经营效率分析

企业盈利能力的高低与企业资产的利用程度有密切关系。在销售净利率一定的情况下，企业的资产利用越充分、越有效，企业的盈利能力就越强。企业资产的利用效率可通过一系列指标来反映，这些指标有存货周转率、应收账款周转率、流动资产周转率、固定资产周转率、总资产周转率等。

（一）应收账款周转率

应收账款周转率（receivable turnover）是企业一定时期除销收入净额与应收账款平均余额的比率，反映了企业应收账款的周转速度。其计算公式为：

应收账款周转率＝赊销收入净额/应收账款平均余额

应收账款平均余额＝（期初应收账款＋期末收账款）/2

应收账款周转率是评价应收账款流动性大小的一个重要财务比率，它反映了企业在一个会计年度内应收账款的周转次数，可以用来分析企业应收账款的变现速度和管理效率这一比率越高，说明企业催收账款的速度越快，可以减少坏账损失，而且资产的流动性强，企业的短期偿债能力也会增强，在一定程度上可以弥补流动比率低的不利影响。但是，如果应收账款周转率过高，可能是企业奉行了比较严格的信用政策，信用标准和付款条件过于苛刻的结果。这样会限制企业销售量的扩大，从而会影响企业的盈利水平。

（二）存货周转率

存货周转率（inventory turnover），也称存货利用率，是企业一定时期的销售成本与平均存货的比率。其计算公式为：

存货周转率＝销售成本/平均库存

平均库存＝（期初存货余额＋期末存货余额）/2

如果企业的生产经营活动具有很强的季节性，则年度内各季度的销售成本与平均存货都会有较大幅度的波动，因此，平均存货应该按季度或月份余额来计算，首先计算出各月份或各季度的平均存货，然后计算全年的平均存货。

存货周转率说明了一定时期内企业存货周转的次数，可以用来测定企业存货的变现速度，衡量企业的销售能力及存货是否过量。存货周转率反映了企业的销售效率和存货使用效率在正常情况下，如果企业经营顺利，存货周转率越高，说明存货周转得越快，企业的销售能力越强，营运资金占用在存货上的金额也会越少。但是，存货周转率过高，也可能说明企业管理方面存在一些问题，如存货水平太低甚至经常缺货，或者采购次数过于频繁，批量太小等。存货周转率过低，常常是库存管理不力、销售状况不好，造成存货积压，说明企业在产品销售方面存在一定的问题，应当采取积极的销售策略，但也可能是企业调整了经营方针，因某种原因增大库存的结果。因此，对存货周转率的分析，要深入调查企业库存的构成，结合实际情况做出判断。

（三）流动资产周转率

流动资产周转率（current asset turnover）是销售收入与流动资产平均余额的比率，它反映的是全部流动资产的利用效率。其计算公式为：

流动资产周转率＝销售收入/流动资产平均余额

流动资产平均余额＝（流动资产期初余额＋流动资产期末余额）/2

流动资产周转率表明在一定时期内企业流动资产周转的次数，它反映了流动资产周转的速度。该指标越高，说明企业流动资产的利用效率越好。

流动资产周转率是分析流动资产周转情况的一个综合指标，流动资产周转快，可以节约流动资金，提高资金的利用效率。

（四）固定资产周转率

固定资产周转率（fixed assets turnover），也称固定资产利用率，是企业销售收入与固定资产平均净值的比率。其计算公式为：

固定资产周转率＝销售收入/固定资产平均净值

固定资产平均净值＝（期初固定资产净值＋期末固定资产净值）/2

固定资产周转率主要用于分析对厂房、设备等固定资产的利用效率。该比率越高，说明固定资产的利用越充分，管理水平越高。如果固定资产周转率与同行业平均水平相比偏低，说明企业的生产效率较低，可能会影响企业的获利能力。

(五)总资产周转率

总资产周转率(total assets turnover),也称总资产利用率,是企业销售收入与资产平均总额的比率,反映了每一元资产可以带来多少销售收入。因此,总资产周转率度量了企业资产的营运效率。其计算公式为:

总资产周转率＝企业销售收入/总资产平均余额

总资产平均余额＝(期初资产余额＋期末资产余额)/2

如果这个比率较低,说明企业利用其资产进行经营的效率不高,会影响企业的获利能力,企业应该采取措施提高销售收入或处置资产,以提高总资产利用率。

三、流动性比率

流动性比率可用于评价企业偿还短期债务的能力。通过分析流动性比率,可以看出企业现有的现金支付能力和应付逆境的能力。其核心在于将短期债务与用来偿还短期债务的短期资金来源进行比较。通常,评价企业短期偿债能力的财务比率主要有流动比率、速动比率、现金比率、现金流量比率等。

(一)流动比率

流动比率(current ratio)是企业流动资产与流动负债的比率。其计算公式为:

流动比率＝流动资产/流动负债

一般来说,这个比率越高,说明企业的还款能力越强。但是,过高的流动比率也并非好现象,因为流动比率过高,可能是企业滞留在流动资产上的资金过多,未能有效地加以利用,从而可能会影响企业的获利能力。同时应该注意的是,由于流动资产由多个项目组成,不同项目的变现能力也有差异,因此该指标只能作为粗略反映企业偿债能力的指标。

(二)速动比率

速动比率(quick ratio)也称酸性测试比率,它所反映的流动性比流动比率更精确。其计算公式为:

速动比率＝速动资产/流动负债＝(流动资产－存货)/流动负债

速动比率与流动比率的区别在于分子不包括存货——流动性最差的流动资

产，而只包括流动性较强的流动资产（包括现金、交易性金融资产、应收账款等），因而它比流动比率能更明确、更透彻地反映企业偿还流动负债的能力。

速动比率越高，说明企业的短期偿债能力越强。根据西方的经验，速动比率为 1∶1 一般比较合适。但在实际分析时，应该根据企业性质和其他因素来综合判断，不可一概而论。通常影响速动比率可信度的重要因素是应收账款的变现能力，如果企业的应收账款中，有较大部分不易收回，可能会成为坏账，那么速动比率就不能真实地反映企业的偿债能力。

（三）现金比率

现金比率（cash ratio）是企业的现金类资产与流动负债的比率。现金类资产包括企业的库存现金、随时可以用于支付的存款和现金等价物，即现金流量表中所反映的现金。其计算公式为：

现金比率＝（现金＋现金等价物）/流动负债

现金比率可以反映企业的直接支付能力，因为现金是企业偿还债务的最终手段。如果企业现金缺乏，就可能发生支付困难，将面临财务危机，因而现金比率高，说明企业有较好的支付能力，对偿付债务是有保障的。但是，这个比率过高，可能意味着企业拥有过多的获利能力较低的现金类资产，企业的资产未能得到有效运用。

（四）现金流量比率

现金流量比率（cash flow ratio）是企业经营活动现金净流量与流动负债的比率。其计算公式为：

现金流量比率＝经营活动现金净流量/流动负债

这一指标越高，说明企业支付当期债务的能力越强；反之则说明企业支付当期债务的能力较差。

四、杠杆比率

杠杆比率指标用以衡量企业偿还长期债务的能力，以及对债务的整体最优利用。企业在生产经营过程中，由于种种原因，都会利用债务资本。而只要企业举债，就得承担偿付利息费用和归还本金的义务，这可能成为一个沉重的财务负担并增加企业破产的风险。因此，长期偿债能力分析也是财务分析的重要内容。反映企业长期偿债能力的财务比率主要有资产负债率、股东权益比率、权益乘数、利息保障倍数等。

(一)资产负债率

资产负债率(total debt ratio)是企业负债总额与资产总额的比率,也称为负债比率,它反映企业的资产总额中有多少是通过举债而得到的。其计算公式为:

资产负债率=负债总额/资产总额×100%

资产负债率越高,说明企业利用的债务资本越多,企业的风险主要由债权人来承担。这个比率越高,说明企业偿还债务的能力越差;反之,说明偿还债务的能力越强。

资产负债率到底多高比较合适,并没有一个确定的标准。不同的行业、不同类型的企业都是有较大差异的。

(二)股东权益比率与权益乘数

股东权益比率(equity to assets)是股东权益与资产总额的比率,反映企业资产中有多少是所有者投入的。其计算公式为:

股东权益比率=股东权益总额/资产总额×100%

从上述公式可知,股东权益比率与负债比率之和等于1。因此,这两个比率是从不同的侧面来反映企业长期财务状况的,股东权益比率越大,负债比率就越小,企业的财务风险也越小,偿还长期债务的能力就越强。

(三)利息保障倍数

利息保障倍数(times interest earned ratio),也称利息所得倍数,是息税前利润与利息费用的比率。其计算公式为:

利息保障倍数=息税前利润/利息费用

利息保障倍数反映了企业的经营所得支付债务利息的能力。这一比率越高,说明企业支付利息的能力越强;反之,说明企业支付利息的能力较弱。一般来说,企业的利息保障倍数至少要大于1,否则就难以偿付当期利息费用,长此以往,可能导致企业破产倒闭。

五、市场价值比率

(一)每股收益

每股收益(earning per share),也称每股盈余,是指一定时期内持有每股普通股股票所获得的收益，它是净利润扣除优先股股利后的余额，除以发行在外的普通股平均股数。其计算公式为：

每股收益=(净利润－优先股股利)/发行在外的普通股平均股数×100%

一般来说，发行在外的普通股平均股数，每股收益越高，说明企业的获利能力越强。但是每股收益高，并不表明企业的股利支付能力强，因为企业能否分配股利以及分配股利多少，还与企业有没有充足的现金有关系。目前，财务报告中披露的每股收益有两种：基本每股收益和稀释每股收益。基本每股收益是扣除优先股股利后的净利润除以发行在外的普通股平均股数；稀释每股收益是扣除优先股股利后的净利润除以考虑了所有稀释性证券(比如可转换债券、期权)后的流通股股数。可见，稀释每股收益向股东提供了潜在的稀释收益信息。公司若拥有大量的稀释性证券(比如股票期权、可转换优先股或可转换债券)，它的基本每股收益和稀释每股收益会有很大的差异。

(二)市盈率

市盈率(price－earnings ratio)，也称价格盈余比率或者价格与收益比率，是普通每股市价与每股收益的比值。其计算公式为：

市盈率=每股市价/每股收益

市盈率是衡量企业相对价值的指标。这一比率越高，表明由未来收益(而非当前受益)所决定的股票价值越大，企业的发展前景越好。但是，应当注意的是，当每股收益很低时，市盈率可能非常高。而且，如果市盈率过高，股票价格向下回落的可能性就比较大，因此购买市盈率高的股票，也意味着这种股票的投资风险较高。一般来说，市盈率常常介于 5 到 20 之间。

第三节　杜邦分析体系

以上我们所介绍的一些盈利能力指标和效率指标可以有效地结合起来，财务指标的这些联系通常叫作杜邦体系(Du Pont System)。我们可以将权益报酬率分解为：

股东权益报酬率=销售净利率×资产周转率×权益乘数(杜邦恒等式)

公式中的第一项和第二项的乘积为资产报酬率。它取决于企业的生产与营销能力，并不受企业筹资组合的影响。但是，公式的最后一项即权益乘数受到债务和股东权益组合的影响。

杜邦恒等式说明，股东权益报酬率受三个因素的影响：经营的效率（以销售净利率度量）、资产的运用效率（以总资产周转率度量）、财务杠杆（以权益乘数度量）。

经营效率或资产运用效率的低下都会削弱资产报酬率，并导致净资产收益率下降。

按照杜邦恒等式，增加企业负债的数量似乎有利于提高净资产收益率，但是要注意的是，增加负债的同时也会提高利息费用，而利息费用的提高会降低销售利润率，并进而引起净资产收益率的降低。所以，净资产收益率可能会随着负债的增加而上升，也可能会随着负债的增加而下降。此外，负债融资还会引起企业资本结构的变化，从而引起企业财务风险的变化。

杜邦分析通过几种主要财务指标之间的关系，直观、明了地反映出企业的财务状况，我们从杜邦分析系统可以了解到以下财务信息。

一、股东权益报酬率是杜邦系统的核心

它反映了股东投入资金的获利能力，反映了企业筹资、投资和生产运营等各方面经营活动的效率。股东权益报酬率取决于企业资产报酬率和权益乘数。资产报酬率主要反映企业运用资产进行生产经营活动的效率如何；而权益乘数则主要反映企业的筹资情况，即企业资金来源结构如何。

二、资产报酬率揭示了企业生产经营活动的效率

企业的销售收入、成本费用、资产结构、资产周转速度以及资金占用量等各种因素，都直接影响到资产报酬率的高低。资产报酬率是销售净利率与总资产周转率的乘积。因此，可以从企业的销售活动与资产管理两个方面进行分析。

三、销售净利率反映了企业净利润与销售收入之间的关系

一般来说，销售收入增加，企业的净利润也会随之增加。但是，要想提高销售净利率，必须一方面提高销售收入；另一方面降低各种成本费用，这样才能使净利润的增长高于销售收入的增长，使销售净利率提高。因此，提高销售净利率必须在以下两方面下功夫；一是积极开拓市场，增加销售收入；二是加强成本费用控

制,降低耗费,增加利润。

提高企业的股东权益报酬率,还可以通过加强资产管理这个途径,优化资产结构;提高企业资产的利用效率。

第四节　财务比率的运用

财务比率指标的计算只是为财务分析打下了基础,而正确地进行财务分析还需要懂得如何运用财务比率,否则财务比率的计算就毫无意义。进行财务比率分析的一条重要规则就是:单个财务比率所提供的信息不仅有限,而且可能起误导作用。因此,永远不要仅凭单个财务比率就得出结论;相反,只有与其他财务比率和标准比较时,财务比率才能提供有用的信息。例如,计算出公司流动资产占总资产的比率为20%,这好不好呢?这意味着公司流动资产充足吗?单看这个比率是不能得出结论的。为判断公司的流动性是否充足,还需要知道其他的有关信息。比如,要知道公司的流动性需求,公司资产使用效率是否最高,该行业中盈利公司的典型特征是什么,它的流动资产投资如何随时间而变化,公司债务契约是否规定公司至少要保有多少流动资产。

财务比率的正确运用方法之一就是进行趋势分析,即将当期的财务比率与过去的相应比率以及未来预计可实现的比率进行比较,如将今年的流动比率与去年的流动比率相比较。分析者可将多年的财务比率放在一起,从中掌握指标的变化情况,并据此判断企业的财务状况和经营成果有所改善还是趋于恶化。

财务比率的正确运用方法之二就是将一个企业的财务比率与同类企业或行业平均水平进行同期比较。通过这种比较,可以分析出企业财务状况和经营业绩方面的相对优势。当一家公司不能被确切归入某一行业时,应该努力找到一批同类公司来进行比较。

此外,在运用财务比率时还应该注意一些问题:一是分析者切忌不顾行业区别,单凭个人经验妄下结论。二是行业比较时必须持谨慎态度。在行业整体的财务状况和经营成果不够理想的情况下,某一企业的财务指标即使高于行业平均水平,也不能认为其达到了理想效果。而且,同一行业内的不同企业之间常常参差不齐。三是如果企业的某项比率偏离了标准的要求,我们在判定这种偏离的好坏程度时,必须考察其他企业的此项比率水平。

第五节 企业价值创造能力分析

企业是创造盈利的实体,企业存在的目的就是创造价值。但是企业是否创造了价值,以及创造价值的能力大小是无法通过传统的损益表反映出来的。这是因为在编制损益表时,会计师以各种收入为起点,然后扣除各种经营成本和其他成本,但是并不包括一项重要成本:企业从股东那里筹集资本的成本。因此为了考察企业是否真正创造价值,我们需要考察企业在扣除包括权益资本成本在内的所有成本之后是否还有利润。

所谓资本成本(capital cost),就是资本性投资项目可接受的最低报酬率。它是一种资本机会成本,因为它是股东在金融市场的投资机会的期望报酬率。只有获得高于权益资本成本的报酬率,即获得高于股东自己投资所能获得的报酬率,企业才会为股东创造价值。

扣除包括权益资本成本在内的所有成本之后的利润称为企业的经济增加值(economic valued added,EVA),也称为剩余收益。它是20世纪80年代美国一家咨询公司Stern Stewart创立的。

EVA指标设计的基本思路是:理性的投资者都期望自己的资本投入获得的收益超过资本的机会成本,即获得增量收益;否则,他就会想方设法将已投入的资本转移投入到其他方面。根据Stern Stewart咨询公司的解释,EVA是指企业资本收益与资本成本之间的差额,是指企业税后营业净利润与全部投入资本(债务资本和权益资本之和)成本之间的差额。差额是正数,说明企业创造了价值;差额是负数,说明企业不仅没有创造价值,反而在损害价值、破坏价值;差额为零,说明企业既没有创造价值,也没有损害价值。EVA指标最重要的特点就是从股东角度重新定义企业的利润,考虑了企业投入的所有资本(包括权益资本)的成本,能全面衡量企业生产经营的真正盈利或创造的价值。

第三章　营运资本管理

第一节　营运资金管理的主要内容

一、营运资金的概念及特点

（一）营运资金的概念

营运资金是指企业生产经营活动中占用在流动资产上的资金，有广义和狭义之分。广义的营运资金是指一个企业流动资产的总额；狭义的营运资金是指净营运资金，即流动资产减去流动负债后的差额。本书采用的是狭义概念。营运资金的管理既包括流动资产的管理，也包括流动负债的管理。

（二）营运资金的特点

研究营运资金的特点，有针对性地对其进行管理，有利于有效地管理企业的营运资金。从营运资金所包含的内容来看，其特点如下。

1. 来源具有多样性

与长期资金的筹资方式相比，营运资金的方式灵活多样，有银行短期贷款、商业信用、应付股利、应付职工薪酬、应交税费等多种融资方式。

2. 数量具有波动性

随着生产经营活动的进行，流动资产的数量随时都在发生变动，时高时低，时有时无，波动很大。流动资产数量变动时，流动负债的数量也会发生相应的变动。

3. 资金周转速度快

流动资产通常是在 1 年或者超过 1 年的一个营业周期内收回，其周转速度较快，在企业一般是用商业信用、短期的银行借款或其他短期筹资方式来解决资金的需求。

4. 实物形态具有易变现性

企业的营运资金一般按照现金、材料、在产品、产成品、应收账款、现金的顺序循环周转=在缺乏现金时,可将交易性金融资产、应收账款、存货等流动资产迅速变现,以补充资金需求。因此在进行流动资产管理时,要合理配置资金数额,结构合理,以促进资金周转顺利进行。

二、营运资金的管理原则

对营运资金进行管理,既要保证有足够的资金满足企业生产经营需要,又要保证企业能按时、足额地偿还各种到期债务。在营运资金管理过程中,企业要遵循以下原则。

(一)满足生产经营需要,合理确定营运资金需求量

市场及供、产、销的情况,企业生产经营规模的大小和营运资金的周转速度会影响企业营运资金的需求量。企业应综合考虑各种因素,用一定的方法合理预测营运资金的需要数量,以满足正常合理的资金需求。

(二)加速资金周转,提高资金使用效率

短期资产的周转速度与流动资金的需要量呈反向变化,加速资金周转是提高资金使用效率的主要手段。因此,企业适度加快存货的销售,缩短应收账款的收款期,延长应付账款的付款期都可以减少营运资金的需要量,从而提高资金的利用效率。

(三)在保证生严经营需要的前提下,节约使用资金

营运资金的流动性强、收益性差,如果企业持有营运资金过多,会降低企业的收益。因此,在保证生产经营需要的前提下,应尽力降低资金使用成本。一方面,要挖掘资金潜力,加速资金周转;另一方面,积极拓展融资渠道,筹措低成本资金,合理配置资源。

(四)合理安排短期资产与短期负债的比例,保障企业短期偿债能力

企业在资金来源上最好是短期资产用短期资金来源来形成,用长期资金来形成短期资产,由于长期资金的成本一般高于短期资金,对企业来说担负了较高的利息;用短期资金来形成长期资产,一旦短期资金到期,企业无法通过其他途径筹措到短期资金时,容易出现到期无法偿还的情况,给企业带来风险。因此,企业要安排好两者的比例关系,保证有足够的资金偿还短期负债。

三、营运资金管理策略

营运资金管理策略实际上是企业根据营运资金管理中的风险和收益,制订流动资产的投资策略(也称为流动资产的持有政策)和融资策略。即企业财务管理人员在营运资金管理方面做出拥有多少流动资产及如何为需要的流动资产融资的决策。在实践中,这两项决策一般同时进行,且相互影响。

(一)流动资产的投资策略

不同类型的短期资产在流动性、盈利性与风险性上存在差异。一般来说,持有大量的短期资产可以降低企业的风险,因为短期资产可以迅速地转化为现金,而长期资产的变现能力通常较差。但如果短期资产太多,则会降低企业的投资报酬率。因此,企业不仅要确定短期资产在总资产中所占的比重,还要合理确定不同类型短期资产的合理水平。

1.宽松的持有政策

宽松的持有政策要求企业在一定的销售水平上保持较多的流动资产,这种政策的特点是报酬低、风险小。在该政策下,企业拥有较多的现金、短期有价证券和存货,能按期支付到期债务,并且为应付不确定情况保留了大量资金,使风险大大降低;但由于现金、短期有价证券投资报酬率较低,存货占用使资金营运效率低,从而降低了企业的盈利水平。

2.适中的持有政策

适中的持有政策要求企业在一定的销售水平上保持适中的流动资产,既不过

高也不过低，流入的现金恰好能满足支付的需要，存货也恰好满足生产和销售所有。这种政策的特点是报酬和风险的平衡。在企业能够比较准确地预测未来经济状况时，可采用该政策。

3. 紧缩的持有政策

紧缩的持有政策要求企业在一定的销售水平上保持较低的流动资产，这种政策的特点是报酬高、风险大。此时企业的现金、短期有价证券、存货和应收账款等流动资产降到最低限度，可降低资金占用成本，增加企业收益；但同时也可能由于资金不足造成拖欠货款或不能偿还到期债务等不良情况，加剧企业风险。在外部环境相对稳定，企业能非常准确地预测未来的情况下，可采用该政策。

在企业实际生活中，往往存在许多难以预计的不确定性。流动资产的占用水平是由企业的内外条件等多种因素共同作用形成的结果，这些因素都是不断变化的，因此很难恰当地对适中政策的流动资产持有量加以量化。在财务管理实践中，企业应当根据自身的具体情况和环境条件，对未来进行合理预测，使流动资产与流动负债尽量匹配，确定一个对企业来说较为适当的流动资产持有量。

（二）流动资产的融资政策

一个企业流动资产的需要数量，一般会随着产品销售的变化而变化。销售旺季时，流动资产的需求数量一般会旺盛；销售淡季时，流动资产的需求一般会减弱。即使当销售处于最低水平时，也存在对流动资产的最低需求。因此可以按照短期资产的用途，将流动资产划分为临时性流动资产和永久性流动资产。企业流动资产的融资政策也就是对临时性流动资产、永久性流动资产和非流动资产的来源进行管理。通常，企业有三种筹资政策可供选择。

1. 配合型筹资政策

配合型筹资政策是指公司的负债结构与公司资产的寿命周期相对应，其特点是：临时性流动资产所需资金用临时性短期负债筹集，永久性流动资产和长期资产所需资金用自发性短期负债和长期负债、股权资本筹集。配合型筹资政策的基本思想是：企业将资产和资金来源在期限和数额上相匹配，以降低企业不能偿还到期债务的风险。同时，采用较多的短期负债也可以使资本成本保持较低的水平。这一政策可以用以下两个公式来表示：

临时性流动资产＝临时性流动负债

永久性流动资产＋非流动资产＝自发性短期负债＋长期负债＋股权资本

在这种政策下，只要企业短期筹资计划严密，实现现金流动与预期安排一致，则在经营低谷时，企业除自发性短期负债外没有其他短期负债，只有在经营高峰期，企业才举借临时性短期负债。

但是在企业的经济活动中，由于现金流动和各类资产使用寿命的不确定性，往往做不到资产与负债的完全配合。在企业的生产经营高峰期内，一旦企业的销售和经营不理想，未能取得预期的现金收入，便会发生难以偿还临时性负债的情况。因此，配合型筹资政策是一种理想的筹资模式，在实践中较难实现。

2. 激进型筹资政策

激进型筹资政策的特点是：临时性短期负债不但要满足临时性流动资产的需要，还要满足一部分永久性流动资产的需要，有时甚至全部流动资产都要由临时性短期负债支持。

对此可用以下两个公式来表示：

临时性流动资产＋部分永久性流动资产＝临时性短期负债

永久性流动资产－临时性短期负债筹得的部分＋非流动资产＝自发性短期负债＋长期负债＋股权资本

由于临时性短期负债的资本成本相对于长期负债和股权资本来说一般较低，而激进型筹资政策下临时性短期负债所占比例较高。因此，在该政策下，企业的资本成本低于配合型筹资政策。此外，由于企业为了满足永久性流动资产的长期、稳定的资金需要，必然要在临时性短期负债到期后重新举债或申请债务展期，将不断地举债和还债，加大了筹资和还债的风险。因此，激进型筹资政策是一种报酬高、风险大的营运资本筹集政策。

3. 保守型筹资政策

保守型筹资政策的特点是：临时性短期负债只满足部分临时性流动资产的需要，其他流动资产和长期资产，用自发性短期负债、长期负债和股权资本筹集满足。对此可以用以下两个公式表示：

部分临时性流动资产＝临时性短期负债

永久性流动资产＋未筹足的临时性流动资产＋非流动资产＝自发性负债＋

长期负债+股权资本

在这种政策下，临时性短期负债在企业的全部资金来源中所占比例较小，企业保留较多营运资本，可降低企业无法偿还到期债务的风险，同时，蒙受短期利率变动损失的风险也较小。但降低风险的同时也降低了公司的报酬，因为长期负债和股权资本在公司的资金来源中所占比例较大，并且两者的资本成本高于临时性短期负债的资本成本，而且在生产经营淡季，企业仍要负担长期债务的利息。即使将过剩的长期资金投资于短期有价证券，其投资收益一般也会低于长期负债的利息，所以保守型筹资政策是一种风险低、报酬也低的筹资政策。

第二节　现金管理

现金有广义和狭义之分。广义的现金是指在生产经营过程中以货币形态存在的资金，包括库存现金、银行存款和其他货币资金等。狭义的现金仅指库存现金。本书的现金是指广义的现金概念。企业除日常的业务活动之外，还需要拥有足够的现金偿还贷款、把握商机以及防止不时之需。但现金又是比较特殊的资产，其流动性最强，代表着企业的支付能力和应变能力，但收益性却最弱，例如库存现金就是不创造价值的资产，持有量不是越多越好，即使是银行存款，其利率也非常低。因此，企业现金的管理实质上是管理人员在现金的流动性和收益性之间进行权衡的管理，以便在保证企业经营活动所需现金的同时，尽量减少企业的现金持有数量，提高资金收益率。

一、企业持有现金的动机

企业持有现金出于三种动机：交易性动机、预防性动机和投机性动机。

（一）交易性动机

交易性动机是指企业持有现金以便满足日常经营业务的开支，如购买材料、支付工资、缴纳税款等。由于企业每日都在发生许多支出和收入，这些支出和收入在数额上不相等及时间上不匹配使企业需要持有一定现金来调节，以使生产经营活动能持续进行。交易性动机是企业最基本的现金持有动机。其持有数量取决于企业的产销业务量水平。

(二)预防性动机

预防性动机是指企业为了应付意外突发事件而持有的现金。这种突发事件可能是市场环境变化,也可能是企业的某个大客户违约导致企业突发性偿付等。由于这些不确定性因素的存在,使企业持有的现金要超过其正常情况下的现金需要量。一般来讲,预防性动机的现金需要量取决于:①企业愿意承担缺少现金风险的程度;②企业现金预算的可靠程度;③企业临时融资的能力。

(三)投机性动机

投机性动机是指企业为抓住突然出现的获利机会而持有的现金,这种机会大都是一闪即逝的,如证券价格的突然下跌,市场出现有利的汇率波动等,企业可以利用手中持有的现金进行投机交易,从中获得收益。

除了上述三种基本的现金需求以外,还有许多企业是将现金作为补偿性余额来持有的。补偿性余额是企业同意保持的账户余额,它是企业对银行所提供借款或其他服务的一种补偿。

二、目标现金余额的确定

目标现金余额的确定实际上就是确定企业最佳现金持有量。一般常见的四种模型有现金周转模型、成本分析模型、存货模型和随机模型。

(一)现金周转模型

现金周转模型是通过现金周转天数确定最佳现金持有量的模型。所谓现金周转天数是指从现金投入生产经营开始,到产成品出售收回现金的时间。它的长短期取决于存货周转天数、应收账款周转天数及应付账款周转天数。

现金周转天数可按以下公式计算:

现金周转天数＝存货周转天数＋应收账款周转天数－应付账款周转天数

现金周转天数确定后,便可确定最佳现金持有量。其计算公式为:

最佳现金持有量＝每日现金需要量×现金周转天数＝企业年现金需求量/360×现金周转天数

从上述公式可以看出,在企业的现金需要量一定的条件下,企业可以通过采取措施加速资金周转，减少现金周转天数，以降低企业的现金持有量，进而减少现金占用，提高企业的资金利用效率。

现金周转模型简单明了、易于操作，但在使用时应注意以下两个前提条件：①企业的生产经营要持续稳定，现金支出须均匀稳定，不确定因素少，保证未来年度的现金需求量可以根据产销计划比较准确地预计；②未来年度与历史年度的周转效率基本一致或其变化率可以预计，使企业可以根据往年的历史资料较为准确地测算现金周转天数。如果上述前提条件不能满足，最佳现金持有量计算的准确性必然会受到影响。

(二)成本分析模型

成本分析模型是通过分析持有现金的相关成本，寻找使持有现金的相关总成本最低的现金持有量。模型考虑的现金持有成本包括以下项目。

1. 机会成本

现金的机会成本，是指企业因持有一定现金余额，必然放弃将其用于其他投资机会而丧失的再投资收益。这种放弃的潜在收益就是持有现金的机会成本，一般可用企业的资本成本、资本收益率、证券投资收益率等指标来表示。机会成本与企业的现金持有量呈正比，即现金持有量越大，机会成本越高；反之亦然。

2. 管理成本

现金的管理成本，是指企业因持有一定数量的现金而发生的管理费用。如管理人员的工资、安全措施费用等。管理成本是一种固定成本，这种固定成本在一定范围内和现金持有量之间没有明显的变化关系。

3. 短缺成本

现金短缺成本是指企业因现金持有量不足，不能满足正常的业务开支，又无法及时通过有价证券变现加以补充而给企业造成的损失，包括直接损失与间接损失。如丧失购买能力成本、信用损失成本等。短缺成本与现金持有量呈反比，即现金持有量越大，短缺成本越低。

成本分析模式是根据现金有关成本，分析预测其总成本最低时现金持有量的一种方法。公式为：

最佳现金持有量＝min(管理成本＋机会成本＋短缺成本)

其中,管理成本属于固定成本,机会成本是正相关成本,短缺成本是负相关成本。因此,成本分析模式是要找到机会成本、管理成本和短缺成本所组成的总成本曲线中最低点所对应的现金持有量,把它作为最佳现金持有量。

(三)存货模型

存货模型也称鲍莫尔模式,是由美国经济学家威廉·鲍莫尔首先提出的。他认为企业现金持有量在许多方面与存货批量类似。因此,可用存货批量模型来确定企业最佳现金持有量。该模型假定一定时期内企业的现金总需求量可以预测出来,并且企业每天的现金需求量(即现金流入量减去现金流出量)稳定不变,当现金余额为零时,可通过出售有价证券获得现金,使现金余额重新达到应有的水平。

存货模型的着眼点也是寻找使持有现金的相关总成本最低的现金持有量,只不过存货模型是将企业的现金持有量和有价证券联系起来,将现金的持有成本与转换有价证券的转换交易成本进行权衡。这时与现金持有量相关的成本主要包括:(1)持有现金的机会成本,即企业持有现金所放弃的收益。通常按有价证券的利息率计算,它与现金持有量呈正比例变化。现金持有量越大,持有现金的机会成本就越高,但可以减少现金转换有价证券的转换交易成本;(2)有价证券转换成现金的转换交易成本,如经纪人费用、税金及其他管理成本。假设这些成本只与交易次数有关,则交易次数越多,转换成本越高。

存货模型是以有价证券的转换为现金唯一来源的假设而建立起来的,而且要求现金均匀支出,真正能够满足条件的企业并不多见。该模型的局限性体现在两个方面:首先这一模型假设计划期内只有现金流出,没有现金流入(事实上,绝大多数公司在每一个工作日内都会发生现金流入和现金流出);其次这一模型没有考虑安全现金库存,以减少发生现金短缺的可能性。

(四)随机模型

随机模型又称米勒—奥尔模型,它是由美国经济学家 Merton Miller 和 Deniel Orr 首先提出的。这一模型是企业在现金需求量难以预测的情况下进行现金持有量控制的方法。它假定企业每日的净现金流量为一随机变量,其变化近似地服从正态分布，在这种情况下，企业可以根据历史经验和现实需要，测算出一个现金持有量的控制范围，即制定出现金持有量的上限和下限，将现金持有量控制在上下限之间。

这里介绍了四种现金持有量的确定模型，在应用这些模型时要注意以下几点：①每一种模型都基于一定的假设前提，企业的实际情况能否与各模型要求的假设前提相符；②各模型应用时所需要的数据资料在企业中是否易于取得；③财务人员应根据企业的具体情况和以往取得的经验，对利用模型测算的结果进行适当的调整。

三、资金集中管理模式

（一）收支两条线的管理模式

“收支两条线”从最初政府加强财政管理而对财政资金采取的一种管理模式，发展到现在，作为追求价值最大化的营利组织——企业特别是大型集团企业，也纷纷采用此种资金管理模式。这种资金管理模式目的是对企业范围内的现金进行集中管理，减少现金持有成本，加速资金周转，提高资金使用效率。企业以实施收支两条线为切入点，通过以下几个方面的高效价值化管理来提高企业效益。

1. 资金的流向方面

在资金流向方面，要求各部分或分支机构在内部银行或当地银行设立收入和支出两个账户，所有收入的现金都必须进入收入账户，若是外地分支机构的收入账户资金还必须及时、足额地回笼到总部。收入账户资金由企业资金管理部门统一管理，所有的货币性支出都必须从支出账户里支付，支出账户里的资金只能根据一定的程序由收入账户划拨而来，严禁现金坐支。

2. 资金的流量方面

不允许企业私设账外小金库。另外，还要加快资金的结算速度，尽量减少资金在结算环节的沉淀量；据“以支定收”和“最低限额资金占用”的原则从收入账户按支出预算将资金定期划拨到支出账户。这种有效的资金流量管理将有助于确保及时、足额地收入资金，合理控制各项费用支出和有效调剂内部资金。

3. 资金的流程方面

企业要做好与资金流动有关的程序和规定。它是收支两条线内部控制体系的重要组成部分，主要包括以下几个部分：①关于账户管理、货币资金安全性等规定；②收入资金管理与控制；③支出资金管理与控制；④资金内部结算与信贷管理与控制；⑤收支两条线的组织保障等。

企业的性质、战略、管理文化和组织结构等对“收支两条线”这种企业内部资金管理模式都有影响，企业要注意与自己的实际相结合，以管理有效性为导向，构建适合自己的收支两条线管理模式。

（二）集团企业资金集中管理模式

资金集中管理也称司库制度，是指集团企业借助商业银行网上银行功能及其他信息技术手段，将分散在集团各所属企业的资金集中到总部，由总部统一调度、统一管理和统一运用。其在各个集团的具体运用可能会有所差异，但一般都包括以下主要内容：资金集中、内部结算、融资管理、外汇管理、支付管理等。其中，资金集中是基础，其他各方面均建立在此基础之上。目前，资金集中管理模式逐渐被我国企业集团所采用。

由于各集团公司所在行业特点和资金运行规律不同，在企业集团内部所属各子企业或分部是否有货币资金使用的决策权、经营权，即集团公司对现金的管理是集权还是分权模式，一般分为以下几种。

1. 统收统支模式

在该模式下，企业的一切资金收入都集中在集团总部的财务部门，各分支机构或子企业不单独设立账号，一切现金支出都通过集团总部财务部门付出，现金收支的批准权高度集中。统收统支模式有利于企业集团实现全面收支平衡，提高资金的周转效率，减少资金沉淀，监控现金收支，降低资金成本。但是该模式可能会不利于调动成员企业开源节流的积极性，影响成员企业经营的灵活性，以至降低整个集团经营活动和财务活动的效率。

2. 拨付备用金模式

拨付备用金模式是指集团按照一定的期限统拨给所有所属分支机构或子企

业备其使用的一定数额的现金。等各分支机构或子企业发生现金支出后,持有关凭证到集团财务部门报销以补足备用金。

3. 结算中心模式

结算中心通常是由企业集团内部设立的,办理内部各成员现金收付和往来结算业务的专门机构。结算中心通常设立于财务部门内,是一个独立运行的职能机构。

4. 内部银行模式

内部银行是将社会银行的基本职能与管理方式引入企业内部管理机制而建立起来的一种内部资金管理机构,主要职责是进行企业或集团内部日常的往来结算和资金调拨、运筹。

5. 财务公司模式

财务公司是一种经营部分银行业务的非银行金融机构。其主要职责是开展集团内部资金集中结算,同时为集团成员企业提供包括存贷款、融资租赁、担保、信用鉴证、债券承销、财务顾问等在内的全方位金融服务。

四、现金收支日常管理

现金收支日常管理的目的在于加速资金周转,防止现金闲置与流失,保障其安全性、完整性,提高现金的使用效率。为达到这一目的,企业通过采用三种基本方法:一是尽量加速收款;二是严格控制现金支出;三是力争现金流入与流出同步。

(一)加速收款

加速收款主要是尽量缩短从客户汇款至企业收到客户汇款的过程。为实现这一过程,可以利用银行之间的互联网进行快捷结算。

(二)控制现金支出

控制现金支出是加速现金周转、提高资金运用效率的另一个重要方面。现金支出的控制主要包括金额上的控制和时间上的控制。企业通常采用的方法有:

①延缓应付款的支付。企业在不影响自身商业信誉的前提下,应尽量推迟付款时间。如各项债务应该在到期最后一天偿还,不宜提早或延迟;②使用现金浮游量。浮游量是指企业银行存款账面上的现金余额与银行账户上的存款余额之间的差额。这是由企业与银行双方出账与入账的时间差造成的。如果企业能够正确地预测现金浮游量并加以利用,就可以节约一定量的现金,从而极大地提高现金利用率。但是,利用这种方法必须预测准确,否则将会形成银行存款"透支",造成经济损失和信誉损失。

(三)力争现金流入与流出同步

所谓现金流入与流出同步,就是指企业尽量使其现金流入和现金流出发生的时间趋于一致,使其所持有的现金余额降到最低水平。为此,企业应认真编制现金预算,合理安排现金支付时间与现金收入时间的同步,控制企业的现金流量。

第三节 应收账款管理

一、应收账款的功能

一般而言,企业愿意采用现销方式出售商品,以迅速收回现金。但随着市场竞争的日益激烈,企业可以通过提供商业信用,采取赊销、分期付款等方式来扩大销售,增强竞争力,获得利润。应收账款的功能指其在生产经营中的作用:一是增加销售;二是减少存货。

(一)增加销售功能

在激烈的市场竞争中,通过提供赊销可有效地促进销售。因为企业提供赊销不仅向顾客提供了商品,也在一定时间内向顾客提供了购买该商品的资金,顾客将从赊销中得到好处。所以赊销会带来企业销售收入和利润的增加。

(二)减少存货功能

企业持有一定量产成品存货时,会相应地占用资金,形成仓储费用、管理费用等,产生成本;而赊销可以促进产品销售,避免这些成本的产生。所以当企业的产成品存货较多时,一般会采用优惠的信用条件进行赊销,将存货转化为应收账款,节约支出。

二、应收账款的成本和管理目标

企业在应收账款上进行投资,可以提高企业的部分能力、扩大销售,但也会因此产生成本,主要包括以下几项。

(一)机会成本

应收账款的机会成本是指将资金投放于应收账款而丧失的其他投资收益,如投资于有价证券所产生的利息或股利收入。这一成本的大小通常与企业维持赊销业务所需要的资金数量、资本成本或有价证券利息率有关。

应收账款的机会成本=维持赊销业务所需要的资金×资本成本

(二)管理成本

应收账款的管理成本是指企业对应收账款进行管理所耗费的各种支出,主要包括对客户的资信调查费用、各种信息的收集费用、账簿记录和保管费用、逾期催收账款的费用以及其他费用等。应收账款在一定数量范围内,管理成本一般为固定成本。

(三)坏账成本

坏账成本是指由于客户破产、解散、财务状况恶化、拖欠时间较长等原因,导致企业的应收账款不能收回而发生的损失。该成本一般随着应收账款数量的增加而加大。为了增强企业抵御坏账风险的能力,避免因坏账成本发生给企业生产经营活动的稳定性带来不利影响,企业应按规定用应收账款余额的一定比例提取坏账准备金。

由此可见,在应收账款控制中,企业面临着收益和成本的权衡问题,因此,应收账款控制的目标就是要在应收账款信用政策所增加的收益和该政策所增加的成本之间做出权衡,进而制订科学合理的信用政策,实现企业效益的最大化。

三、信用政策

所谓信用政策，是指企业对商业信用进行规划和控制而确定的基本原则和行为规范，具体包括信用标准、信用条件和收账政策三方面的内容。制定合理的信用政策是企业加强应收账款控制、提高应收账款投资效益的重要前提。

（一）信用标准

信用标准是客户获得企业商业信用所具备的基本条件。如果客户达不到信用标准，则不能享受企业的信用或只能享受较低的信用优惠。信用标准制定的高低对企业的销售收入和成本影响很大。如果企业制订严格的信用标准，意味着只对信誉好的企业提供赊销，由此可以降低在应收账款上发生的机会成本、管理成本和坏账成本，但同时也降低了销售收入；反之，在宽松的信用标准下，企业可以争取较多的客户，其中一些信誉差的客户则表现出不能或不愿意付款，结果使应收账款的相关成本增加，且随着信用标准的放松，坏账损失发生的频率也会大幅上升。

企业在制定信用标准时，是通过对客户的资信程度进行调查、分析，然后在此基础上判断客户的信用等级来决定是否给予客户信用优惠的。企业通常利用定性分析和定量分析来对客户的资信程度进行评估，常见的信用评估方法有：5C 评估法和信用评分法。

1. 5C 评估法

5C 评估法是对影响客户信用的五个方面（品德、能力、资本、抵押品和经济状况）进行重点分析的一种定性评估方法。此方法因为这五个方面的第一个英文字母是"C"而得名。

（1）品德（character）

品德即客户履行偿还债务的态度和诚意，是客户信誉品质的首要因素，因为客户是否愿意尽自己最大努力归还欠款，直接决定着账款的回收速度和数量。公司可以通过了解客户以往的付款履约记录进行评价。

（2）能力（capacity）

能力即客户的偿债能力，主要取决于客户的资产，特别是流动资产的数量、质量以及流动负债的性质。企业可以通过了解客户的财务状况，计算分析其流动比率、速动比率、资产负债率等偿债能力的相关指标，或进行实地考察予以判断。

(3)资本(capital)

资本即客户的财务实力，主要是对客户总资产、有形资产净值以及留存收益等的测定。它反映了客户的经济实力与财务状况的优劣，是客户偿付债务的最终保证。企业一般可以从客户的财务报表中获得相关信息。

(4)抵押品(collateral)

抵押品即客户提供的在其无力偿还债务或拒绝偿还债务时可以用于抵押的财产。企业对一些信用状况不很了解或存在争议的客户，如果其能够提供足够的抵押品，就可以考虑为其提供与之相应的信用。客户提供的抵押品越充足，信用安全的保障就越大。

(5)经济状况(condition)

经济状况即可能影响客户偿债能力的各种社会经济形势及其他情况，如经济衰退、市场收缩及自然灾害等。这需要了解客户在过去经济环境困境时期的付款历史。

2.信用评分法

信用评分法是通过打分的方式评价每位客户资信状况的一种定量的分析方法。它是先对一系列可能影响客户资信状况的因素进行评分，然后采用一定的权数加权平均，得出客户综合的信用分数，以此来比较和评价不同客户的资信状况。一般来说，信用综合评分在 80 分以上的，说明客户的资信状况良好；60～80 分，说明资信状况一般；在 60 分以下，则说明资信状况较差。

信用评分法的主要优点是成本低且易于实施，通过简单的计算就可以发现需要注意的风险。但是确定哪些财务比率和对哪些信用状况指标进行评分以及各指标的权数如何确定，是此方法运用的关键和难点。

(二)信用条件

信用条件是指企业接受客户信用时所提出的付款要求，主要包括信用期限、折扣期限及现金折扣。信用条件的基本表达方式如“1/20，n/50”，它规定如果客户的发票开出后在 20 天内付款，可以享受的现金折扣；如果放弃折扣优惠，则全部款项必须在 50 天内付清。其中，50 天为信用期限，20 天为折扣期限，1%为现金折扣率。

1. 信用期限

信用期限是指企业允许客户从购货到支付货款的时间间隔。企业产品的销售量与信用期限之间存在着一定的依存关系。一般而言，延长信用期限可以在一定程度上扩大销售，从而增加营业利润。但不适当地延长信用期限，一方面会使平均收账期延长，在应收账款上的资金占用增加，机会成本增加；另一方面也会导致管理成本及坏账成本增加。因此，企业是否延长客户的信用期限，应视延长信用期限增加的边际收益是否大于增加的边际成本而定。

2. 现金折扣和折扣期限

延长信用期限会增加应收账款占用的时间和金额，许多企业为了加速现金周转，及时收回货款、减少坏账损失，往往在延长信用期限的同时，采用一定的优惠措施，在规定的时间内提前偿付货款的客户可按销售收入的一定比例享受折扣。企业还可能根据需要采用阶段性的折扣期限与不同的现金折扣率，如“2/10，1/20，n/60”，即给予客户 60 天的信用期限，如果客户能在发票开出后的 10 天付款，即可享受 2％的现金折扣；否则，必须在 60 天内全额支付款项。

企业提供现金折扣能够吸引客户、扩大销售，加速应收账款周转，但现金折扣的优惠实际上是产品价格的扣减，使企业丧失折扣额本身的收益，所以企业是否提供及提供多大程度的现金折扣，应着重考虑提供折扣后所得的收益是否大于现金折扣的成本。

（三）收账政策

收账政策是指企业针对客户违反信用条件，拖欠甚至拒付账款时而采取的收账策略与措施。对于客户拖欠或拒付的款项，无论采取何种方式加以催收，都需要付出一定的代价，即收账费用，如收账花费的邮电通信费、派专人收款的差旅费和不得已时的法律诉讼费等。通常，企业如果采取较积极的收账政策，将会使拖欠款项的客户减少、拖延款项的时间缩短，从而减少应收账款上占用的资金和坏账损失，但却会增加收账费用；如果采取较消极的收账政策，则会导致拖欠款项的客户增多并且拖欠时间延长，从而增加应收账款占用的资金和坏账损失，但却会减少收账费用。因此，制定收账政策的基本原则是要在增加的收账费用与减少的坏账损失及应收账款上的资金占用之间进行权衡。

值得注意的是，通常收账费用投入越多，坏账损失越少，但两者之间并非呈线性关系。企业一开始增加一些收账费用，在某一范围内只能减少一小部分的坏账损失，当收账费用增加到一定程度时，进一步增加收账费用会使坏账损失明显地减少，当收账费用达到某一限度后，再增加收账费用对减少坏账损失几乎没有意义了，这表明收账费用的增加并不能完全避免坏账损失，一定量的坏账损失是不可避免的。

四、应收账款的监控

企业在向客户提供赊销之后，应加强对应收账款的监控，包括：①随时了解和掌握客户的信用状况，经常测算和分析应收账款的占用、回收情况，为企业的信用政策提出改进意见；②通过将实际发生的应收账款与合理持有额度进行比较和分析，判断应收账款在总额上是否合理；③通过应收账款的账龄分析，判断应收账款的内部结构是否合理，信用标准的制定是否准确；④对超过信用期限时间不等的过期账款制定不同的收账策略，采用不同的收账方法进行催收。

在应收账款的监控过程中，可供采用的主要方法有以下几个。

（一）账龄分析法

账龄分析法是根据应收账款账龄的长短来分析反映应收账款占用和还款时间及数额分配情况，并据此估计坏账损失的大小，从而对应收账款实施监督控制的一种方法。账龄分析法通常要通过编制账龄分析表来实现，账龄分析表是显示应收账款在外天数（账龄）长短，以及不同账龄应收账款的余额占应收账款总额的比重的报告。

（二）平均收账期法

平均收账期法是通过计算应收账款的平均收账期指标，然后将其与目标值（如同行业有关数据等）进行比较分析，以便为加强应收账款的监控提供依据的一种方法。其计算公式为：

$$\text{某客户的平均收账期}=\frac{\sum(\text{一定时期内每笔订货数额}\times\text{该笔订货的收账天数})}{\text{一定时期的订货总额}}$$

$$\text{总体的平均收账期}=\frac{\text{平均应收账款余额}}{\text{平均每日赊销额}}$$

企业利用平均收账期指标与同行业进行对比，可以及时发现信用政策方面存在的问题，并采取必要的措施，加强应收账款的日常控制。

五、应收账款日常管理

（一）加强应收账款的控制措施

1.确定合理的信用标准

信用标准是企业决定授予客户信用所要求的最低标准，信用标准较严，使企业遭受坏账损失的可能减小，但会不利于扩大销售；反之，如果信用标准较宽，虽然有利于刺激销售增长，但有可能使坏账损失增加，得不偿失。可见，企业应根据所在行业的竞争情况、企业承担风险的能力和客户的资信情况进行权衡，确定合理的信用标准。

2.加强产品生产质量和服务质量的管理

在产品质量上，应采取先进的生产设备、聘用先进技术人员，生产出物美价廉，适销对路的产品，争取采用现销方式销售产品。如果生产的产品畅销，供不应求，应收账款就会大幅度的下降，还会出现预收账款。同时，在服务上企业应形成售前、售中、售后一整套的服务体系。

3.确定应收账款最佳持有额度并对客户使用奖惩政策

确定企业应收账款的最佳持有额度是在扩大销售与控制持有成本之间的一种权衡，企业信用管理部门要综合考虑企业发展目标，以确定一个合理的应收账款持有水平。为了促使客户尽早付清欠款，企业在对外赊销和收账时要奖罚分明。即对于提前付清的要给予奖励，对于拖欠付款的要区分情况，给予不同的惩罚。

4.建立应收账款坏账准备制度

不管企业采用怎样严格的信用政策，只要存在着商业信用行为，坏账损失的发生总是不可避免的。因此，企业要遵循稳健性原则，对坏账损失的可能性预先进行估计，建立弥补坏账损失的准备金制度，以促进企业健康发展。

(二)加强应收账款的日常管理措施

1.实施应收账款的追踪分析

赊销企业有必要在收款之前,对该项应收账款的运行过程进行追踪分析,重点要放在赊销商品的变现方面。企业要对赊购者的信用品质、偿付能力进行深入调查,分析客户现金的持有量与调剂程度能否满足兑现的需要。应将那些挂账金额大、信用品质差的客户的欠款作为考察的重点,以防患于未然。

2.认真对待应收账款的账龄

一般而言,客户逾期拖欠账款时间越长,账款催收的难度越大,成为呆坏账的可能性也就越高。企业必须要做好应收账款的账龄分析,密切注意应收账款的回收进度和出现的变化,把过期债权款项纳入工作重点,研究调整新的信用政策,努力提高应收账款的收现效率。

3.谨慎对待应收账款的转换问题

虽然应收票据具有更强的追索权,但企业为及时变现应急,将应收票据贴现时会承担高额的贴现息。另外,企业可通过抵押或让售业务将应收账款变现,这些虽然都可以解决企业的燃眉之急,但都会给企业带来额外的负担,并增加企业的偿债风险,不利于企业的健康发展。

4.进一步完善收账政策

企业在制定收账政策时,要在增加收账费用与减少坏账损失、减少应收账款机会成本之间进行比较、权衡,以前者小于后者为基本目标,掌握好宽严界限,拟定可取的收账计划。

(三)应收账款的催收措施

1.企业内部对应收账款的动态管理

在中小企业,应收账款的规模较小,企业的财务部门通常只是向业务员提示应收账款即将到期或已经逾期的期限,并为业务员提供业务发生的有关原始单据,供业务员催款使用。但在大的集团公司，财务部门应该设立专人负责应收账款的管理。同时，财务部门协助有关部门制定收回欠款的奖励制度，加速逾期账款回收。

2. 定期分析应收账款的账龄以便及时收回欠款

一般来讲，逾期时间越长，越容易形成坏账。所以财务部门应定期分析应收账款账龄，向业务部门提供应收账款的账龄数据及比率，催促业务部门收回逾期的账款。财务部门和业务部门都应把逾期的应收账款作为工作的重点，分析逾期的内容有：客户的信用品质发生变化了吗？还是因为市场变化，客户赊销商品造成库存积压？客户的财务资金状况因什么原因恶化等。考虑每一笔逾期账款产生的原因，采取相应的收账方法。

在向客户催收货款时，必须讲究方式才能达到目的，催收应收账款的方式一般有以下几种。

(1)由公司内部业务员直接出面

一般情况下，业务员可能与客户有多年的交情，见面易于沟通，这是其他人所做不到的。

(2)由公司内部专职机构出面

在业务员的协调下，可以集中多人的智慧采取最佳方式与客户接触和谈判，避免可能的极端行为给催收造成不必要的麻烦。

(3)委托收账公司代理追讨

当做了种种努力，仍未能收回客户欠款时，为了避免耗费无法预测的追讨成本，这笔逾期应收账款的追收工作可以委托专业的收账公司继续追收。总之，在市场竞争日益激烈的今天，企业要想提高销售量和市场的占有率，就必须进行赊销，应收账款对企业来说是不可避免的。所以加强对应收账款的核算和管理，尽量减少三角债、呆账和坏账事件的产生，避免企业的资金在非生产环节上沉淀，是保障企业资金正常运行的一种重要措施。

第四节　存货管理

一、存货管理的目标

存货是指企业在生产经营过程中为销售或者耗用而储备的流动资产物资，一般包括原材料、在产品、半成品、产成品、协作件、商品等。存货管理水平的高低直接影响企业的生产经营能否顺利进行，并最终影响企业的收益、风险等状况。企业持有存货的动机主要有以下几方面。

（一）保证生产和销售的正常进行

企业原材料的购买、生产进度的安排以及产品的销售在数量和时间上难以保持绝对的平衡。因此，持有一定的存货可使企业在生产和销售环节具有弹性，不会因物资的短缺而导致生产和销售的中断；否则可能会出现停工待料，使企业失去销售机会的现象。

（二）获取规模效益

当企业进行采购时，进货总成本与采购物资的单价和采购次数有密切关系。而许多供应商为鼓励客户多购买其产品，往往在客户采购量达到一定数量时，给予价格折扣，所以企业通过大批量集中进货，既可以享受价格折扣，降低购置成本，也可因减少订货次数，降低订货成本，使总的进货成本降低；批量组织生产，可以降低调整准备成本，从而降低生产成本；批量组织销售，可以及时满足客户对产品的需求，有利于销售规模的迅速提高。

（三）防止意外事件的发生

企业在采购、运输、生产和销售过程中，都可能发生意料之外的事故，保持必要的存货保险储备，可以避免和减少意外事件的损失。

增加存货可使企业获得采购和生产的经济性，保证生产和销售的连续进行，但也会相应地增加存货占用成本、储存成本等。存货控制的目标就是要在存货的效益与成本之间进行利弊权衡，在充分发挥存货功能的同时尽量降低存货成本，增加企业的收益。

二、存货的成本

要持有一定数量的存货，必定会有一定的成本支出。企业因持有存货而发生的成本主要包括以下几项。

(一)取得成本

取得成本是指为取得某种存货而支出的成本,通常用 TC_a 来表示。取得成本又分为订货成本和购置成本。

1. 订货成本

订货成本是指取得订单的成本,如办公费、差旅费、邮资、电报电话费、运输费等支出。订货成本中有一部分与订货次数无关,如常设采购机构的基本开支等,称为固定的订货成本,用 F_1 表示;另一部分与订货次数有关,如差旅费、邮资等,称为订货的变动成本。每次订货的变动成本用 K 表示;订货次数等于存货年需要量 D 与每次进货量 Q 之商。订货成本的计算公式为:

$$\text{订货成本}=F_1+\frac{D}{Q}\cdot K$$

2. 购置成本

购置成本又称采购成本,指为购买存货本身所支出的成本,即存货本身的价值,由买价、运杂费等组成,通常用数量与单价的乘积来确定。年需要量用 D 表示,单价用 U 表示,于是购置成本为 DU。

订货成本加上购置成本,就等于存货的取得成本。其公式可表达为:

取得成本=订货成本+购置成本

　　　　=订货固定成本+订货变动成本+购置成本

$$TC_a=F_1+\frac{D}{Q}\cdot K+DU$$

(二)储存成本

储存成本是指为保持存货而发生的成本,包括存货占用资金所应计的利息、仓库费用、保险费用、存货破损和变质损失等,通常用 TC_c 来表示。

储存成本也分为固定成本和变动成本。固定成本与存货数量的多少无关,如仓库折旧、仓库职工的固定工资等,常用 F_2 表示。变动成本与存货的数量有关,如存货资金的应计利息、存货的破损和变质损失、存货的保险费用等,单位储存变动成本用 K_c 来表示。储存成本的计算公式为:

储存成本=储存固定成本+储存变动成本

$$TC_c=F_2+K_c\frac{Q}{2}$$

(三)缺货成本

缺货成本指由于存货储备不能满足生产和销售,导致供应中断而造成的损失,包括材料供应中断造成的停工损失、产成品库存缺货造成的拖欠发货损失和丧失销售机会的损失及造成的商誉损失等:如果生产企业以紧急采购代用材料解决库存材料中断之急,那么缺货成本表现为紧急额外购入成本。缺货成本用 TC_s 表示。

如果以 TC 来表示储备存货的总成本,它的计算公式为:

$$TC=TC_a+TC_c+TC_s=F_1+\frac{D}{Q}\cdot K+DU+F_2+K_c\frac{Q}{2}+TC_s$$

存货的增加可以为企业带来一定的效益,但同时也增加了企业持有存货的成本,因此企业存货控制的目标就是要在存货的效益与成本之间进行利弊权衡,在充分发挥存货功能的同时尽量降低存货成本,增加企业的收益。

三、最佳存货量的确定

经济批量控制是最基本的存货定量控制方法,包括经济订货批量模型及其扩展模型两方面内容。经济订货批量模型(EOQ)是指在保证生产经营需要的前提下能使一定时期内存货相关总成本最低的采购批量。经济订货批量模型有许多形式,但各种形式的模型都是以基本经济订货模型为基础发展起来的。基本经济订货模型使用了许多假设条件,有些条件与现实相差较远,但是它却为经济订货批量的确定奠定了良好的理论基础,而其他模型一般是在基本模型的基础上,通过放宽某些假设条件而得到,因此称为基本模型的扩展模型。

基本经济订货批量模型,通常是建立在以下基本假设基础上的。

(1)企业能够及时补充存货,所需的存货市场供应充足,在需要存货时可以立即取得;(2)存货集中到货,而不是陆续入库;(3)不允许缺货,即无缺货成本;(4)一定时期的存货需求量能够确定,即需求量为常量;(5)存货单价不变,不考虑现金折扣,单价为已知常量;(6)企业现金充足,不会因现金短缺而影响进货。

经济订货批量模型是建立在一定的假设条件基础上的,而现实生活中能同时满足上述假设条件的情况相当罕见。为了使基本模型更接近于实际情况，具有较高的实用价值，需要适当放宽假设条件，同时改进基本模型。

（一）订货提前期与再订货点

基本经济订货批量模型中假定“需要存货时可以立即取得”是不符合实际情况的。在现实中，企业从订货到收到货物往往需要若干天，为了避免停工待料情况的发生，企业不能等到存货全部用完再去订货，而需要在存货没有用完之前提前订货。因此，企业需要计算自订货至收到货物所需的天数，此天数称为订货提前期，用 L 来表示。在提前订货的情况下，企业再次发出订货单时，尚有存货的库存量，称为再订货点，用 R 表示。它的数量等于订货提前期（L）和每日平均需用量（d）的乘积，即：

$$R=L\times d$$

（二）存货陆续供应和使用的经济订货批量模型

在建立基本模型时，我们假定存货一次全部入库。事实上，存货可能陆续入库，库存量也陆续增加。尤其是产成品入库和在制品的转移，几乎都是陆续供应和陆续耗用的。这时，需要对基本模型进行一些修改。

假设每批的订货量为 Q。由于每日送货量为 P，则该批存货全部送达所需日数为 Q/P，称为送货期。

陆续供应和使用的经济订货批量模型，还可以用于自制和外购的选择决策。自制零件属于边送边用的情况，平均库存量较少，单位生产成本可能较低，但是每批零件投产的生产准备成本比一次订货成本可能高出很多。外购零件的单位成本可能较高，平均库存量也较高，但是其订货成本则较低。要在自制零件还是外购零件之间做出选择，需要全面衡量它们各自的相关总成本。

（三）存在商业折扣的经济订货批量模型

在经济订货批量的基本模型中，假定商品的价格是不变的。但在现实生活中，许多企业在销售时都有批量折扣（商业折扣），即对大批量采购的企业往往在价格上给予一定的优惠。因此，在这种情况下，存货相关总成本除了考虑订货变动成本和变动储存成本之外，还应考虑购置成本（因为购置成本随着订货批量的变化而发生变化，构成了存货批量决策的相关成本），这时：

存货相关总成本＝订货变动成本＋变动储存成本＋购置成本

$$TC=\frac{D}{Q}\times K+\frac{Q}{2}\times K_c+DU\times(1-\text{折扣率})$$

考虑商业折扣情况下确定经济订货批量的步骤：首先，确定无商业折扣条件下的经济批量和存货相关总成本。其次，加进不同批量的进价成本差异因素。最后，比较不同批量下的存货相关总成本，找出存货相关总成本最低的订货批量。

（四）存在缺货的经济订货批量模型

1. 不考虑保险储备

基本模型中假设不允许缺货，从而杜绝了缺货成本。但在实际生活中，经常会因供货方或运输部门的问题导致采购的材料无法及时到达企业，发生缺货损失的现象，这时就必须将缺货成本加以考虑（因为缺货成本已存在，并且随订货批量的变动而变化）。在这种情况下，使订货变动成本、储存变动成本和缺货成本总和最低的采购批量，才是最佳的订货批量。

2. 考虑保险储备

在实务中，为避免可能的缺货，企业会持有部分保险储备，保险储备的存在可以减少缺货成本，但增加了储存成本。企业可以根据存货中断的概率和相应的存货中断损失来估算缺货成本。

四、存货的控制系统

库存管理不仅需要各种模型帮助确定适当的库存水平，还需要建立相应的库存控制系统。库存控制系统可以简单，也可以很复杂。传统的库存控制系统有定量控制系统和定时控制系统两种，定量控制系统是指当存货下降到一定存货水平时即发出订货单，订货数量是固定的和事先决定的。定时控制系统是每隔一个固定时期，无论现有存货水平是多少，即发出订货申请，这两种系统都较简单和易于理解，但不够精确。现在许多大型公司都已采用了计算机库存控制系统。当库存数据输入计算机后，计算机即对这批货物开始跟踪。此后，每当有该货物取出时，计算机就及时做出记录并修正库存余额。当库存下降到订货点时，计算机自动发出订单，并在收到订货时记下所有的库存量。计算机系统能对大量种类的库存进行有效管理，这也是为什么大型企业愿意采用这种系统的原因之一。对于大型企业，其存货种类数以10万计，要使用人力及传统方法来对如此众多的库存进行有效管理，及时调整存货水平，避免出现缺货或浪费现象简直是不可能的，但计算机系统对此能做出迅速有效的反应。

伴随着业务流程重组的兴起以及计算机行业的发展，库存管理系统也得到了很大的发展。从MRP（物料资源规划）发展到MRP－Ⅱ（制造资源规划）、再到ERP（企业资源规划）以及后来的柔性制造和供应链管理，甚至是外包等管理方法的快速发展，大大促进了企业库存管理方法的发展。这些新的生产方式把信息技术革命进步融为一体，提高了企业的整体运作效率。以下将对两个典型的库存控制系统进行介绍。

（一）ABC控制系统

ABC控制法是由意大利经济学家巴累托于19世纪在研究人口与收入的关系规律时提出来的，以后经过不断地发展与完善，现已广泛地应用于现代企业的存货管理与控制。ABC控制法就是把企业种类繁多的存货，依据其重要程度、价值大小或者资金占用等标准分为三大类：A类为高价值库存，品种数量约占整个库存的10％～15％，但价值约占全部库存的50％～70％；B类为中等价值库存，品种数量约占全部库存的20％～25％，价值约占全部库存的15％～20％；C类为低价值库存，品种数量多，约占整个库存的60％～70％，价值约占全部库存的10％～35％。针对不同类别的库存分别采用不同的管理方法，A类库存应作为管理的重点，实行重点控制、严格管理；而对B类和C类库存的重视程度则可依次降低，采取一般管理。

（二）适时制库存控制系统

适时制（JIT）是起源于日本的just－in－time（准时生产系统）的简称，最早是由日本丰田汽车公司的副总裁提出的，又被称作看板管理系统。JIT库存管理的思想是：企业应持有最低水平的库存，保证生产的不中断不是依靠企业自己持有库存，而应依靠供应商的“准时”供应。即制造企业事先与供应商和客户协调好，只有当制造企业在生产过程中需要原料或零件时，供应商才会将原料或零件送来;而每当产品生产出来就被客户拉走。这样,制造企业的库存持有水平就可以大大下降。显然,适时制库存控制系统需要的是稳定而标准的生产程序以及供应商的诚信,否则,任何一环出现差错将导致整个生产线的停止。由于JIT要求最大限度地降低存货,甚至使存货为零,这样就降低了存货的资金占用,从而降低了各项存货成本,提高了企业的经济效益。目前,已有越来越多的公司利用适时制库存控制系统减少甚至消除对库存的需求——即实行零库存管理,比如,沃尔玛、丰田、海尔等。适时制库存控制系统进一步的发展被应用于企业整个生产管理过程中——集开发、生产、库存和分销于一体,大大提高了企业运营管理效率。

第五节　流动负债管理

流动负债实际上是企业的短期负债筹资,即筹资的使用期限不超过1年的筹资,主要包括短期借款、短期融资券和商业信用三种形式。各种来源具有不同的获取速度、灵活性、成本和风险。

一、短期借款

(一)短期借款的种类

短期借款是指企业向银行或其他非银行金融机构借入的期限在1年(含1年)以内的各种借款。短期借款按有无担保,可分为信用借款和抵押借款。

1.信用借款

信用借款又称无担保借款,是指企业凭借自身的信誉而从银行取得的借款。信用借款有带附加条件的借款和无附加条件的借款两种,银行发放的短期信用借款附带的信用条件主要有信贷额度、周转信贷协议和补偿性余额三种。

(1)信用额度

信用额度又称信贷额度,亦即贷款限额,是借款企业与银行在协议中规定的企业向银行借款的最高限额,信用额度的有效期限通常为1年。在信用额度内,企业可以随时按需要向银行支用借款。但是,银行并不承担必须提供全部信用额度贷款的义务。如果企业信誉恶化或银行信贷资金吃紧,即使在信用限额内,企业也可能得不到借款。此时，银行不会承担法律责任。

(2)周转信贷协议

周转信贷协议是银行具有法律义务承诺向协议签订企业提供不超过某一最高限额的贷款协议。在协议的有效期内，只要企业借款累计总额未超过最高限额，银行必须满足企业任何时候提出的借款要求。企业要享用周转信贷协议所规定的权利，除了按实际贷款数额支付借款利息之外，还按协议对贷款限额的未使用部分付给银行一笔承诺费用。

(3)补偿性余额

补偿性余额是银行要求借款企业在银行中保持按贷款限额或实际借用额一定百分比(一般为10%～20%)计算的最低存款余额。对银行来说，补偿性余额有助于降低贷款风险；对借款企业而言，补偿性余额则提高了借款的实际利率，加重了企业的负担。

虽然补偿性余额条款提高了借款企业的实际利率，但是当借款企业资金短缺而无法按期支付到期利息时，由于补偿性余额的存在，银行可以自动划转补偿性余额存款以支付到期利息，从而避免了借款企业逾期罚息的发生。因此，补偿性余额对企业规避逾期罚息的风险起到了保险作用。

2. 抵押借款

抵押借款是指借款企业的某些资产作为偿债抵押品而取得的借款。银行贷款的安全程度取决于抵押品的价值大小和变现速度，价值越大，变现能力越强，银行贷款的风险越小。通常借款企业可提供的抵押品包括应收账款、应收票据、存货等。

(1)应收账款抵押借款

应收账款抵押借款是指以应收账款作为抵押品而获得的短期借款。如果借款单位没能按期履行还款责任，而作为抵押品的应收账款又不能按期收回，贷款银行可以对借款单位行使追偿权。因此，借款单位仍要承担应收账款违约的风险。

(2)应收票据贴现借款

票据贴现是指单位将持有的未到期的应收票据交付银行贴现而换取现金。银行在办理票据贴现时，收取一定的贴现息，并以票据到期值扣除贴现息的金额向贴现单位支付现金，这种现金支付从本质上讲仍属于向企业提供贷款。因为，贴现单位仍要承担应收票据到期不能变现的违约风险，即当应收票据到期，而付款人不能付款时，贴现银行对贴现单位仍有追索权。

(3)存货抵押借款

存货抵押借款就是借款企业以存货作为担保品而向银行申请取得的借款。在存货抵押借款方式下，贷款银行相当慎重，不仅要对抵押存货的变现能力进行保守估计，还要适当提高借款利息率。

(二)短期银行借款利息支付方法

借款企业与银行协商，可以采用四种方法向银行支付借款利息。

1.支付法

支付法是在借款使用期间内，由银行按期(月或季)划转支付。这是比较普遍的利息支付方法。逾期支付利息的，企业还需要为此支付逾期罚息。

2.收款法

收款法又称为一次支付法，利随本清，是在借款到期时向银行支付利息的方法。

3.贴现法

贴现法是银行向企业发放贷款时，先从本金中扣除利息，而到期时借款企业再偿还全部本金。采用这种方法，企业实际可利用的贷款额只有本金扣除利息后的差额部分，从而提高了贷款的实际利率。

4.加息法

加息法是分期等额偿还贷款时的一种利息收取方法。在分期等额偿还贷款的情况下，银行要将根据名义利率计算的利息加到贷款本金上，计算出贷款的本息和，要求企业在贷款期内分期偿还本息之和的金额。由于贷款分期等额偿还，借款企业实际上只平均使用了贷款本金的半数，却支付了全额利息。这样，借款企业负担的实际利率会高于名义利率大约1倍。

二、短期融资券

短期融资券又称商业票据、短期债券，是由大型工商企业或金融企业发行的短期无担保本票，是一种新兴的短期资金筹集方式。在我国，短期融资券是指企业依照《短期融资券管理办法》的条件和程序在银行间债券市场发行和交易的、约定在期限不超过 1 年内还本付息的有价证券。中国人民银行对融资券的发行、交易、登记、托管、结算和兑付进行监督管理。

(一)短期融资券的种类

短期融资券按不同标准可做不同分类。

1. 按发行人的不同，可分为金融企业的融资券和非金融企业的融资券

金融企业的融资券主要是指由各大公司所属的财务公司、各种投资信托公司、银行控股公司等发行的融资券。这类融资券一般都采用直接发行的方式。

非金融企业的融资券是指那些没有设立财务公司的工商企业所发行的融资券。这类企业一般规模不大，多采用间接方式来发行融资券。

在我国，目前发行和交易的是非金融企业的融资券。

2. 按发行方式不同，可分为经纪人承销的融资券和直接销售的融资券

经纪人承销的融资券又称间接销售融资券，是指先由发行人卖给经纪人，然后由经纪人再卖给投资者的融资券，要支付一定数额的手续费。

直接销售的融资券是指发行人直接销售给最终投资者的融资券。直接发行融资券的公司通常是经营金融业务的公司或自己有附属金融机构的公司，它们有自己的分支网点，有专门的金融人才，因此，有力量自己组织推销工作，从而节省了间接发行时应付给证券公司的手续费。直接销售的融资券目前已占据相当大的比重。

根据我国《银行间债券市场非金融企业债务融资工具管理办法》的相关规定，我非金融企业发行融资券一般采用间接承销方式进行，即由符合条件的金融机构承销，企业不得自行销售融资券；金融企业发行融资券一般采用直接发行方式进行。

3.按发行和流通的范围不同,可分为国内融资券和国际融资券

国内融资券是一国发行者在其国内金融市场上发行的融资券。发行这种融资券一般只要遵循本国法规和金融市场惯例即可。

国际融资券是一国发行者在其本国以外的金融市场上发行的融资券。发行这种融资券,必须遵循有关国家的法律和国际金融市场上的惯例。在美国货币市场和欧洲货币市场上,这种国际短期融资券很多。

(二)短期融资券的发行条件

根据我国法律的相关规定,企业必须符合一定的条件才具有申请发行融资券的资格,包括以下各项。

(1)在中华人民共和国境内依法设立的企业法人且有具备债券评级能力的评级机构的信用评级,并将评级结果向银行间债券市场公示;(2)发行和交易的对象是银行间债券市场的机构投资者,不向社会公众发行和交易;(3)融资券的发行由符合条件的金融机构承销,企业不得自行销售融资券,发行融资券募集的资金用于本企业的生产经营;(4)对企业发行的融资券实行余额管理,待偿还融资券余额不超过企业净资产的40%;(5)融资券采用实名记账方式在中央国债登记结算有限公司(简称中央结算公司)登记托管,由中央结算公司负责提供有关服务;(6)融资券在债权债务登记日的次一工作日,即可以在全国银行间债券市场的机构投资人之间流通转让。

(三)短期融资券的发行程序

(1)公司做出发行短期融资券的决策;(2)办理发行短期融资券的信用评级;(3)向有关审批机构(中国人民银行)提出发行申请;(4)审批机关对企业提出的申请进行审查和批准;(5)正式发行短期融资券,取得资金。

(四)发行短期融资券筹资的特点

1.短期融资券的筹资成本较低

在西方国家,短期融资券的利率加上发行成本率,通常要低于银行的同期贷

款利率。这是因为，在采用短期融资券筹资时，筹资者与投资者直接往来，绕开了银行中介，节省了一笔原应付给银行的筹资费用。但目前我国短期融资券的利率一般要比银行借款利率高，这主要是因为我国短期融资券市场刚刚建立，投资者对短期融资券还缺乏了解。随着短期融资券市场的不断完善，短期融资券的利率会逐渐接近银行贷款利率，直至略低于银行贷款利率。相对于发行公司债券筹资而言，发行短期融资券的筹资成本较低。

2. 短期融资券筹资数额比较大

银行一般不会向企业发放巨额的流动资金借款，因此相对于银行借款筹资而言，短期融资券一次性的筹资数额比较大。

3. 发行短期融资券能提高企业的信誉

发行短期融资券的条件比较严格，必须是具备一定信用等级的实力强的企业，才能发行。因而一家企业若能在货币市场上发行自己的短期融资券，则说明该公司信誉较好。

三、商业信用

商业信用是指企业在商品或劳务交易中，以延期付款或预收货款方式进行购销活动而形成的借贷关系，是企业之间的直接信用行为，也是企业短期资金的重要来源。商业信用产生于企业生产经营的商品、劳务交易之中，是一种“自动性筹资”，应用十分广泛，在短期负债筹资中占有相当大的比重。

（一）商业信用的形式

1. 应付账款

应付账款是企业购买商品暂未付款形成的欠账，是供应商给企业提供的一个商业信用。若卖方允许买方在购买商品后一定时期内支付货款，则买卖双方的商业信用所形成的资金结算关系实质是资金借贷关系，商业信用也因此成为买方企业的短期资金来源。对卖方来说，可以利用这种方式促销；对买方来说，延期付款等于向卖方借用资金购进商品，满足短期资金的需要。当企业扩大生产规模，其进货和应付账款相应增长，商业信用提供了增产需要的部分资金。

商业信用条件常包括以下两种：一种是有信用期，但无现金折扣。如“$n/60$”表示60天内按发票金额全数支付；另一种是有信用期和现金折扣，如“2/20，$n/60$”表示20天内付款享受现金折扣2%，若买方放弃折扣，60天内必须付清款项。

应付账款筹资按是否支付代价分为“免费”筹资和有代价的筹资两种。若信用条件不提供现金折扣，则企业在信用期限内任何时间支付货款均无代价；如果信用条件中规定有现金折扣，目的主要在于加速资金回收。企业在决定是否享受现金折扣时，应仔细考虑。超过折扣期，则丧失了享受现金折扣的付款优惠。放弃现金折扣因素，就构成了有代价筹资的相关因素。

(1)放弃现金折扣的信用成本

若买方企业购买货物后在卖方规定的折扣期内付款，可以获得免费信用，这种情况下企业没有因为取得延期付款信用而付出代价。例如，某应付账款规定付款信用条件为“2/10，n/30”，是指买方在10天内付款，可获得2%的付款折扣，若在10天至加天内付款，则无折扣；允许买方付款期限最长为30天。

(2)放弃现金折扣的信用决策

企业放弃应付账款现金折扣的原因，可能是企业资金暂时的缺乏，也可能是基于将应付账款用于临时性短期投资，以获得更高的投资收益。对采购企业而言，是否利用现金折扣，需要做财务权衡：如果企业将应付账款额用于短期投资，所获得的投资报酬率高于放弃折扣的信用成本率，则应当放弃现金折扣；如果企业能以低于放弃现金折扣成本率的利率借入资金，便应在现金折扣期内，用借入的资金支付货款，享受现金折扣；反之，则放弃。

2. 应付票据

应付票据是企业按照延期付款的结算要求，所开具的反映债权债务关系的票据。根据承兑人的不同，应付票据分为商业承兑汇票和银行承兑汇票两种。支付期限一般为6个月，最长不超过9个月。应付票据可以带息，也可以不带息。应付票据的利率一般比银行借款的利率低，所以应付票据筹资的成本低于银行借款成本。但是应付票据到期必须归还，若延期便要交付罚金，因而风险较大。

3. 应计未付款

应计未付款是企业在生产经营和利润分配过程中已经计提但尚未以货币支付的款项。应计未付款主要包括应付职工薪酬、应交税费、应付股利等。以应付职工薪酬为例，企业通常以半月或月为单位支付工资，在应付工资已计但未付的这段时间，就会形成应计未付款。它使企业受益在前，费用支付在后。相当于职工给企业的无息借款。应交税费、应付股利也有类似的性质。应计未付款随着企业规模的扩大而增加，企业使用这些自然形成的资金无需付出任何代价。但这些款项的延期支付是有一定时间的，企业不能总拖欠这些款项。所以，企业尽管可以充分利用应计未付款，但并不能控制这些账目的水平。

4. 预收货款

预收货款是卖方企业按照合同和协议规定，在交付货物之前向买方预先收取部分或全部货款的信用行为。对于卖方来讲，预收账款相当于向买方借用资金后用货物抵偿。购买单位对于紧俏商品往往乐于采用这种方式购货；销货方对生产周期长，造价较高的商品，往往采用预收货款方式销货，以缓和本企业资金占用过多的矛盾。

(二)商业信用筹资的优缺点

1. 商业信用筹资的优点

(1)容易获得

商业信用与商品买卖同时进行，属于一种自发性筹资，不用进行非常正规的安排，而且不需办理任何手续，一般也无附加条款，使用方便。

(2)企业有较大的自主权

企业能够根据需要，选择决定筹资的金额大小和期限长短，同样要比银行借款等其他方式灵活得多。甚至如果在期限内不能付款或交货时，一般还可以通过与客户的协商，请求延长时限。对是否放弃现金折扣，企业可以根据自身的条件自行决定。

(3)一般不用提供担保

通常，商业信用筹资不需要第三方担保，也不会要求筹资企业用资产进行担保。这样，在出现逾期付款或交货的情况时，可以避免像银行借款那样面临抵押资产被处置的风险，企业的生产经营能力在相当长的一段时间内不会受到限制。

2. 商业信用筹资的缺点

(1)商业信用筹资成本高

尽管商业信用的筹资成本是一种机会成本,但由于商业信用筹资属于临时性筹资,其筹资成本比银行信用要高。

(2)容易恶化企业的信用水平

商业信用的期限短,还款压力大,对企业现金流量管理的要求很高。如果长期和经常性地拖欠账款,会造成企业的信誉恶化。

(3)受外部环境影响较大

商业信用筹资受外部环境影响较大,稳定性较差,即使不考虑机会成本,也是不能无限利用的。一是受商品市场的影响,如当求大于供时卖方可能停止提供信用;二是受资金市场的影响,当市场资金供应紧张或有更好的投资方向时,商业信用筹资就可能遇到障碍。

四、流动负债的利弊

(一)流动负债的经营优势

理解流动负债(期限在 1 年或 1 年以内)和长期负债(期限在 1 年以上)的优势和劣势相当重要。除了成本和风险的不同,为流动资产融资时使用短期和长期负债之间还存在经营上的不同。

流动负债的主要经营优势包括:容易获得,具有灵活性,能有效地为季节性信贷需要进行融资。这创造了需要融资和获得融资之间的同步性。另外,短期借款一般比长期借款具有更少的约束性条款。如果仅在短期内需要资金,以短期为基础进行借款可以使企业维持未来借款决策的灵活性。如果一个企业签订了长期借款协议,该协议规定了约束性条款、大量的预付成本和(或)信贷合约的初始费用,那么流动负债就不具有那种灵活性。

流动负债的一个主要使用方面是为季节性行业的流动资产进行融资。为了满足增长的需要,一个季节性企业必须增加存货和(或)应收账款。流动负债是为流动资产中的临时性的、季节性的增长进行融资的主要工具。

(二)流动负债的经营劣势

流动负债的一个经营劣势是需要持续地重新谈判或滚动安排负债。贷款人由于企业财务状况的变化或整体经济环境的变化,可能在到期日不愿滚动贷款或重新设定信贷额度。而且,提供信贷额度的贷款人一般要求,用于为短期营运资金缺口而筹集的贷款,必须每年支付至少1～3个月的全额款项,这1～3个月被称为结清期。贷款人之所以这么做,是为了确认企业是否在长期负债是合适的融资来源时仍然使用流动负债。许多企业的实践说明,使用短期贷款来为永久性流动资产融资是一件危险的事情。

第四章　现代财务审计的目标

第一节　财务报表审计的总目标

一、财务报表审计总目标的演变

审计目标是在一定历史环境下，人们通过审计实践活动所期望达到的境地的最终结果，它包括财务报表审计的总目标以及各类交易、账户余额、列报相关的具体审计目标两个层次。就注册会计师执行的财务报表审计而言，自诞生以来，其总体目标已经经历了四次大的演变。

（一）详细审计阶段

在 20 世纪初以前的详细审计阶段，委托人关注的焦点是财产的安全和完整性。注册会计师执行审计主要是通过对被审计单位一定时期内会计记录的逐一审查，判定有无错误和舞弊行为。此时的总体目标是查错防弊。

（二）资产负债表审计阶段

20 世纪初至 30 年代，企业筹资主要依赖银行贷款，资产负债表审计盛行。在此阶段，注册会计师审计通过对被审计单位一定时期内资产负债表所有项目余额的真实性、可靠性进行审查，判断其财务状况和偿债能力。在此阶段，审计目标是对历史财务信息进行鉴证，查错防弊这一目标依然存在，但已退居第二位，审计的功能从防护性发展为公正性。

（三）财务报表审计阶段

20 世纪 30 年代至 80 年代的财务报表审计阶段，总体审计目标则是判定被审单位一定时期内的财务报表是否公允地反映其财务状况、经营成果和现金流量，以及所采用的会计政策和会计估计处理方法是否符合本国的会计准则，并在出具审计报告的同时，提出改进经营管理的意见。在此阶段，独立审计已静态发展到动态，并且增加了“管理审计”内容。总体的审计目标不再限于查错防弊和历史财务信息的鉴证，而是向管理领域有所深入和发展。此阶段审计工作已比较有规律，且形成了一套较完整的理论和方法。

(四)重新重视检查财务报表舞弊阶段

20 世纪 80 年代，公司舞弊问题较六七十年代更为严重。据美国商务部估计，每年雇员和经理人员舞弊金额已逾 1000 亿美元。有人声称，美国每年由于舞弊引起的损失高达 3000 亿美元。不幸的是，对许多公司的舞弊事件，注册会计师却没有发现，而最终被受害者诉诸法律，审计诉讼的浪潮更加汹涌。舞弊情形的激化、公众期望的提高和审计诉讼案的频发，促使有关组织高度重视反舞弊问题。其中以 Treadway 委员会的影响最大。1985 年，AICPA、内部审计师协会、财务经理协会等组织发起成立了由前证券交易委员会委员 James C. Treadway 任主席的全美反舞弊性财务报告委员会。经过两年多的调查研究，Treadway 委员会于 1987 年提出了研究报告，建议独立注册会计师应勇于承担责任，积极考虑客户蓄意舞弊的可能性，并设计专门的审计程序测试舞弊的风险；应注意执行分析程序，以判断客户财务报告中的异常现象，应对客户的季度财务数据进行及时检查。

二、我国财务报表审计的总目标

审计准则中指出财务报表审计的总目标是注册会计师通过执行审计工作，对财务报表的合法性和公允性发表审计意见。

(一)评价财务报表的合法性

合法性是指财务报表是否按照适用的会计准则和相关会计制度的规定编制，在评价财务报表是否按照适用的会计准则和相关会计制度的规定编制时，注册会计师应当考虑下列内容。

(1)评价选择和运用的会计政策是否符合适用的会计准则和相关会计制度，并适合于被审计单位的具体情况；(2)评价管理层做出的会计估计是否合理；(3)评价财务报表反映的信息是否具有相关性、可靠性、可比性和可理解性；(4)评价财务报表是否做出充分披露，使财务报表使用者能够理解重大交易和事项对被审计单位财务状况、经营成果和现金流量的影响。

(二)评价财务报表的公允性

公允性是指财务报表是否在所有重大方面公允反映被审计单位的财务状况、经营成果和现金流量。在评价财务报表的公允性时,注册会计师应当考虑下列内容。

(1)评价管理层调整后的财务报表,是否与注册会计师对被审计单位及其环境的了解一致;(2)评价财务报表的列报、结构和内容是否合理;(3)评价财务报表是否真实地反映了交易和事项的经济实质。

(三)目标的导向作用

财务报表审计的目标对注册会计师的审计工作发挥着导向作用,它界定了注册会计师的责任范围,直接影响注册会计师计划和实施审计程序的性质、时间和范围,决定了注册会计师如何发表审计意见。例如,既然财务报表审计目标是对财务报表整体发表审计意见,注册会计师就可以只关注与财务报表编制和审计有关的内部控制,而不对内部控制本身发表鉴证意见。同样,注册会计师关注被审计单位的违反法规行为,是因为这些行为影响到财务报表,而不是对被审计单位是否存在违反法规行为提供鉴证。

财务报表的使用者之所以希望注册会计师对财务报表的合法性和公允性发表意见,主要有以下四方面的原因。

第一,利益冲突。财务报表使用者往往有着各自的利益,且这种利益与被审计单位管理层的利益大不相同。出于对自身利益的关心,财务报表使用者常常担心管理层提供带有偏见、不公正甚至欺诈性的财务报表。为此,他们往往向外部注册会计师寻求鉴证服务。

第二,财务信息的重要性。财务报表是财务报表使用者进行经济决策的重要信息来源,在有些情况下,还是唯一的信息来源。在进行投资、贷款和其他决策时,财务报表使用者期望财务报表中的信息十分翔实、丰富,并且期望注册会计师确定被审计单位是否按照公认会计原则编制财务报表。

第三,复杂性。由于会计业务的处理及财务报表的编制日趋复杂,财务报表使用者因缺乏会计知识而难以对财务报表的质量做出评估,所以他们要求注册会计师对财务报表的质量进行鉴证。

第四，间接性。绝大多数财务报表使用者都远离客户，这种地域的限制导致财务报表使用者不可能接触到编制财务报表所依据的会计记录，即使财务报表使用者可以获得会计记录并对其进行审查，也往往由于时间和成本的限制，而无法对会计记录做有意义的审查。在这种情况下，使用者有两种选择：一是相信这些会计信息的质量，二是依赖第三者鉴证报表。显然，使用者喜欢选择第二种方式。

第二节　财务报表审计的责任划分

在财务报表审计中，被审计单位管理层和注册会计师承担着不同的责任，不能相互混淆和替代。明确划分责任，不仅有助于被审计单位管理层和注册会计师认真履行各自的责任，为财务报表及其审计报告的使用者提供有用的经济决策信息，还有利于保护相关各方的正当权益。

一、被审计单位管理层和治理层的责任

企业的所有权与经营权分离后，经营者负责企业的日常经营管理并承担受托责任。管理层通过编制财务报表反映受托责任的履行情况。为了借助公司内部之间的权力平衡和制约关系保证财务信息的质量，现代公司治理结构往往要求治理层对管理层编制财务报表的过程实施有效的监督。

在治理层的监督下，管理层作为会计工作的行为人，对编制财务报表负有直接责任。《中华人民共和国会计法》第二十一条规定，财务会计报告应当由单位负责人和主管会计工作的负责人、会计机构负责人（会计主管人员）签名并盖章；设置总会计师的单位，还须由总会计师签名并盖章。单位负责人应当保证财务会计报告真实、完整。《中华人民共和国公司法》第一百七十一条规定，公司应当向聘用的会计师事务所提供真实、完整的会计凭证、会计账簿、财务会计报告及其他会计资料，不得拒绝、隐匿、谎报。

因此，在被审计单位治理层的监督下，按照适用的会计准则和相关会计制度的规定编制财务报表是被审计单位管理层的责任。

管理层对编制财务报表的责任具体包括以下几方面。

(一)选择适用的会计准则和相关会计制度

管理层应当根据会计主体的性质和财务报表的编制目的,选择适用的会计准则和相关会计制度。就会计主体的性质而言,民间非营利组织适合采用《民间非营利组织会计制度》,事业单位通常适合采用《事业单位会计制度》,而企业根据规模或行业性质,分别适合采用《企业会计准则》《企业会计制度》《金融企业会计制度》和《小企业会计制度》等。

按照编制目的,财务报表可分为通用目的和特殊目的两种报表。前者是为了满足范围广泛的使用者的共同信息需要,如为公布目的而编制的财务报表;后者是为了满足特定信息使用者的信息需要。相应地,编制和列报财务报表适用的会计准则和相关会计制度也有所不同。

(二)选择和运用恰当的会计政策

会计政策是指企业在会计确认、计量和报告中所采用的原则、基础和会计处理方法。管理层应当根据企业的具体情况,选择和运用恰当的会计政策。

(三)根据企业的具体情况,做出合理的会计估计

会计估计是指企业对其结果不确定的交易或事项以最近可利用的信息为基础所做的判断。财务报表中涉及大量的会计估计,如固定资产的预计使用年限和净残值、应收账款的可收回金额、存货的可变现净值以及预计负债的金额等。管理层有责任根据企业的实际情况、做出合理的会计估计。

为了履行编制财务报表的职责,管理层通常设计、实施和维护与财务报表编制相关的内部控制,以保证财务报表不存在由于舞弊或错误而导致的重大错报。

二、注册会计师的责任

按照中国注册会计师审计准则(以下简称审计准则)的规定对财务报表发表审计意见是注册会计师的责任。

注册会计师作为独立的第三方,对财务报表发表审计意见,有利于提高财务报表的可信赖程度。为履行这一职责,注册会计师应当遵守职业道德规范,按照审计准则的规定计划和实施审计工作,获取充分、适当的审计证据,并根据获取的

审计证据得出合理的审计结论、发表恰当的审计意见。注册会计师通过签署审计报告确认其责任。

三、两种责任不能相互取代

财务报表审计不能减轻被审计单位管理层和治理层的责任。财务报表编制和财务报表审计是财务信息生成链条上的不同环节，两者各司其职。法律法规要求管理层和治理层对编制财务报表承担责任，有利于从源头上保证财务信息质量。同时，在某些方面，注册会计师与管理层和治理层之间可能存在信息不对称。管理层和治理层作为内部人员，对企业的情况更为了解，更能做出适合企业特点的会计处理决策和判断，因此管理层和治理层理应对编制财务报表承担完全责任。尽管在审计过程中，注册会计师可能向管理层和治理层提出调整建议，甚至在不违反独立性的前提下为管理层编制财务报表提供协助，但管理层仍然对编制财务报表承担责任，并通过签署财务报表确认这一责任。

如果财务报表存在重大错报，而注册会计师通过审计没有能够发现，也不能因为财务报表已经注册会计师审计这一事实而减轻管理层和治理层对财务报表的责任。

四、几个重要概念

(一)财务报表审计的一般原则

1.遵守职业道德规范

注册会计师应当遵守相关的职业道德规范，恪守独立、客观、公正的原则，保持专业胜任能力和应有的关注，并对执业过程中获知的信息保密。

注册会计师行业是诚信行业，整个社会对行业从业人员的职业精神、职业技能、职业纪律和职业作风的期望很高。制定并遵循一套行业职业道德规范，是注册会计师维护行业形象、取信于社会公众的基础。

2.遵守质量控制准则

注册会计师应当遵守会计师事务所质量控制准则。会计师事务所应当根据质量控制准则并结合具体情况，制定合适的质量控制制度，包括质量控制政策和程序，以合理实现质量控制的两大目标：(1)保证会计师事务所及其人员遵守法律法规、中国注册会计师职业道德规范以及中国注册会计师审计准则、中国注册会计师审阅准则、中国注册会计师其他鉴证业务准则和中国注册会计师相关服务准则的规定；(2)会计师事务所和项目负责人根据具体情况出具恰当的报告。

目前，财政部已发布两项质量控制准则，即《会计师事务所质量控制准则第5101号——业务质量控制》和《中国注册会计师审计准则第1121号——历史财务信息审计的质量控制》。前者从会计师事务所层面上进行规范，适用于包括历史财务信息审计业务在内的各项业务；后者从执行审计项目的负责人层面上进行规范，仅适用于历史财务信息审计业务。这两项准则联系紧密，前者是后者的制定依据。

注册会计师应当遵守财政部发布的会计师事务所质量控制准则以及本所的质量控制制度。在执行某项审计业务时，注册会计师还应当同时遵守会计师事务所制定的审计质量控制程序。

3. 遵守审计准则

注册会计师应当按照审计准则的规定执行审计工作。

审计准则作为注册会计师提供的审计服务质量的技术标准，对注册会计师在某一审计领域的责任、所需要达到的目标和核心要求、为达到这一目标所要实施的必要审计程序做出了明确规范。注册会计师应当按照审计准则的规定执行审计工作，以保证审计工作质量、维护社会公众利益，增进社会公众对注册会计师行业的信心。

为了确保注册会计师在执行审计业务时遵守审计准则，注册会计师应当遵守会计师事务所按照有关质量控制准则要求而建立的适合于本所的质量控制制度，包括适合于审计业务的质量控制程序。

(二)财务报表的审计范围

财务报表的审计范围是指为实现财务报表审计目标，注册会计师根据审计准则和职业判断实施的恰当的审计程序的总和。恰当的审计程序是指审计程序的性质、时间和范围是恰当的。

注册会计师应当根据审计准则和职业判断确定审计范围。审计准则在规定注册会计师承担的责任和所要实现的目标的同时，还规定了为履行责任和实现目标所须实施的审计程序。例如，《中国注册会计师审计准则第 1141 号——财务报表审计中对舞弊的考虑》规定，注册会计师有责任按照中国注册会计师审计准则的规定实施审计工作，获取财务报表在整体上不存在重大错报的合理保证，无论该错报是由于舞弊还是错误导致。同时，该准则还对注册会计师如何履行这一职责规定了必要的审计程序，如第三十条要求注册会计师通过询问、考虑舞弊风险因素、分析程序、考虑其他信息等获取用于识别舞弊导致的财务报表重大错报风险所需的信息。

审计中的职业判断是指注册会计师在审计准则的框架下，运用专业知识和经验在备选方案中做出决策。被审计单位的具体情况千差万别，审计准则不可能针对所有可能遇到的情况规定对应的审计程序。因此，在审计过程中，注册会计师运用职业判断至关重要。注册会计师在确定审计程序的性质、时间和范围，评价审计证据，得出审计结论和形成审计意见时，都离不开职业判断。离开了职业判断，审计就成为简单机械地执行审计程序的过程。注册会计师在确定拟实施的审计程序时，除需要考虑审计准则中规定的审计程序外，还需要根据职业判断实施为实现审计目标而需要执行的其他审计程序。

因此，在确定拟实施的审计程序时，注册会计师应当遵守与财务报表审计相关的各项审计准则。换言之，注册会计师不能只遵守部分审计准则，而应当遵守与财务报表审计相关的所有审计准则。

(三)职业怀疑态度

职业怀疑态度是指注册会计师以质疑的思维方式评价所获取审计证据的有效性，并对相互矛盾的审计证据，以及引起对文件记录或管理层和治理层提供的信息的可靠性产生怀疑的审计证据保持警觉。

职业怀疑态度并不要求注册会计师假设管理层是不诚信的，但是也不能假设管理层的诚信毫无疑问。职业怀疑态度要求注册会计师凭证据“说话”。职业怀疑态度意味着，在进行询问和实施其他审计程序时，注册会计师不能因轻信管理层和治理层的诚信而满足于说服力不够的审计证据。相应的，为得出审计结论、注册会计师不应使用管理层声明替代应当获取的充分、适当的审计证据。例如，注册会计师不能仅凭管理层声明，而对重要的应收账款不进行函证就得出应收账款余额存在的结论。

职业怀疑态度要求，注册会计师不应将审计中发现的舞弊视为孤立发生的事项。注册会计师还应当考虑，发现的错报是否表明在某一特定领域存在舞弊导致的更高的重大错报风险。职业怀疑态度要求，如果从不同来源获取的审计证据或获取的不同性质的审计证据不一致，可能表明其中某项或某几项审计证据不可靠，因此注册会计师应当追加必要的审计程序。职业怀疑态度要求，如果管理层的某项声明与其他审计证据相矛盾，注册会计师应当调查这种情况。必要时，注册会计师应重新考虑管理层做出的其他声明的可靠性；职业怀疑态度要求，如果在审计过程中识别出异常情况，注册会计师应当做出进一步调查。例如，如果注册会计师在审计过程中识别出的情况使其认为文件记录可能是伪造的或文件记录中的某些条款已发生变动，则应当做出进一步调查，包括直接向第三方询证，或考虑利用专家的工作以评价文件记录的真伪。

（四）合理保证与绝对保证

合理保证与绝对保证是一个相对应的概念。绝对保证是指注册会计师对财务报表整体不存在重大错报提供百分之百的保证。合理保证要求注册会计师通过不断修正的、系统的执业过程，获取充分、适当的审计证据，对财务报表整体发表审计意见，它提供的是一种高水平但非百分之百的保证。

注册会计师按照审计准则的规定执行审计工作，能够对财务报表整体不存在重大错报（无论该错报是由错误引起，还是由舞弊引起的）获取合理保证。合理保证与整个审计过程相关。

第三节　确定具体审计目标

一、被审计单位管理层的认定

认定是指管理层对财务报表组成要素的确认、计量、列报做出的明确或隐含的表达。认定与审计目标密切相关，注册会计师的基本职责就是确定被审计单位管理层对其财务报表的认定是否恰当。

管理层在财务报表上的认定有些是明确表达的，有些则是隐含表达的。例如，管理层在资产负债表中列报存货及其金额，意味着做出了下列明确的认定：

(1)记录的存货是存在的;(2)存货以恰当的金额包括在财务报表中,与之相关的计价或分摊调整已恰当记录。同时,管理层也做出下列隐含的认定:(1)所有应当记录的存货均已记录;(2)记录的存货都由被审计单位拥有。

二、管理层的认定与确定具体审计目标

审计工作就是确定管理层对财务报表的认定是否恰当。根据我国注册会计师审计准则,注册会计师应判断的管理层对财务报表的认定包括三个方面,注册会计师了解了认定,就很容易确定每个项目的具体审计目标,并以此作为评估重大错报风险以及设计和实施进一步审计程序的基础。

第四节　审计过程与审计目标的实现

一、接受业务委托

在接受委托前,注册会计师应当初步了解审计业务环境,包括业务约定事项、审计对象特征、使用的标准、预期使用者的需求、责任方及其环境的相关特征,以及可能对审计业务产生重大影响的事项、交易、条件和惯例等其他事项。

接受业务委托阶段的主要工作包括了解和评价审计对象的可审性;决策是否考虑接受委托;商定业务约定条款;签订审计业务约定书等。

二、计划审计工作

计划审计工作主要包括在本期审计业务开始时开展的初步业务活动,制定总体审计策略,制订具体审计计划等。计划审计工作不是审计业务的一个孤立阶段,而是一个持续的、不断修正的过程,贯穿于整个审计业务的始终。

三、实施风险评估程序

所谓风险评估程序,是指注册会计师实施的了解被审计单位及其环境并识别和评估财务报表重大错报风险的程序。风险评估程序是必要程序,了解被审计单位及其环境为注册会计师在许多关键环节做出职业判断提供了重要情况。

了解被审计单位及其环境实际上是一个连续和动态地收集、更新和分析信息的过程，贯穿于整个审计过程的始终。

四、实施控制测试和实质性程序

注册会计师实施风险评估程序本身并不足以为发表审计意见提供充分、适当的审计证据，注册会计师还应当实施进一步审计程序，包括实施控制测试(必要时或决定测试时)和实质性程序。因此，注册会计师评估财务报表重大错报风险后，应当运用职业判断，针对评估的财务报表层次重大错报风险确定总体应对措施，并针对评估的认定层次重大错报风险设计和实施进一步审计程序，以将审计风险降至可接受的低水平。

五、完成审计工作和编制审计报告

注册会计师在完成财务报表所有循环的进一步审计程序后，还应当按照有关审计准则的规定做好审计完成阶段的工作，并根据所获取的各种证据，合理运用专业判断，形成适当的审计意见。本阶段主要工作有审计期初余额、比较数据、期后事项和或有事项；考虑持续经营问题和获取管理层声明；汇总审计差异，并提请被审计单位调整或披露；复核审计工作底稿和财务报表；与管理层和治理层沟通；评价审计证据，形成审计意见；编制审计报告等。

第五章　审计计划、重要性和审计风险

凡事预则立，不预则废。高质量的审计计划有助于注册会计师恰当地组织和管理审计资源，提高审计效率和效果，顺利完成审计工作并与客户保持良好的工作关系。计划审计工作是一项持续的过程，通常注册会计师在前一期审计工作结束后即开始本期的审计计划工作，直到本期审计工作结束为止。在计划审计工作时，注册会计师需要进行初步业务活动、制定总体审计策略和具体审计计划。在此过程中，需要做出很多关键决策，包括确定可接受的审计风险水平和重要性、配置项目人员等。

第一节　审计计划

一、审计计划的概念与作用

审计计划，是指审计人员为了完成各项审计业务，达到预期审计目标，在具体执行审计程序之前编制的工作计划。审计计划通常由审计项目负责人在外勤审计工作开始之前起草，它仅仅是对审计工作的一种预先规划。在执行审计计划的过程中，情况会不断发生变化，常常会产生审计计划和审计不一致的情况。例如，在审计过程中通过检查，发现被审计单位某些内部控制系统执行效果不佳，导致原来制定的审计程序和时间预算需要改变时，就应及时对审计计划进行修订和补充。对审计计划的补充、修订贯穿于整个审计工作的准备和实施阶段之中。审计人员在整个审计过程中，应当按照审计计划执行审计业务。

审计计划的作用主要包括以下几个方面。

第一，通过制订和实施审计计划，可以使审计人员能够根据具体情况收集充分、适当的审计证据。一般情况下，审计人员在审计计划的指导下，实施审计程序，收集审计证据，编制审计工作底稿，并据以发表审计意见。审计计划越周详，审计人员越能收集充分、适当的审计证据。

第二，通过制订审计计划，可以保持合理的审计成本，提高审计工作的效率和质量。通过审计计划，审计项目负责人可以全面地了解审计工作的总体安排和设计步骤的具体时间安排，适当掌握好审计工作的进程，助理审计人员也可以通过审计计划，明确自己在审计过程的各个阶段中应做的工作、要求以及时间安排等，做到心中有数，从而有利于做好审计工作。

第三，通过制订审计计划，可以避免与被审计单位之间发生误解。注册会计师和会计师事务所在执行审计业务中，要想保持良好的信誉，想最大限度地减轻自己的法律责任，最基本的一点就是要收集充分、适当的审计证据。在会计师事务所已具备较高的工作质量和良好的信誉的情况下，保持合理的成本，有助于事务所增强竞争能力，以便稳定客户，避免与被审计单位之间发生误解，这对于同被审计单位保持良好的关系，对于以合理的成本完成优质的工作都很重要。

具体来说，审计计划分为总体审计策略和具体审计计划两个层次。

二、总体审计策略

总体审计策略用以确定审计范围、时间和方向，并指导制订具体审计计划。在制定总体审计策略时，注册会计师应当考虑以下主要事项，同时这些事项也会影响具体审计计划。

（一）审计范围

注册会计师应当确定审计业务的特征，包括采用的会计准则和相关会计制度、特定行业的报告要求以及被审计单位组成部分的分布等，以确定审计范围。

具体来说，在确定审计范围时，注册会计师需要考虑下列事项。

(1)编制财务报表适用的会计准则和相关会计制度；(2)特定行业的报告要求，如某些行业的监管部门要求提交的报告；(3)预期的审计工作涵盖范围，包括需审计的集团内组成部分的数量及所在地点；(4)母公司和集团内其他组成部分之间存在的控制关系的性质，以确定如何编制合并财务报表；(5)其他注册会计师参与组成部分审计的范围；(6)需审计的业务分部性质，包括是否需要具备专门知识；(7)外币业务的核算方法及外币财务报表折算和合并方法；(8)除对合并财务报表审计之外，是否需要对组成部分的财务报表单独进行审计；(9)内部审计工作的可利用性及对内部审计工作的拟依赖程度；(10)被审计单位使用服务机构的情况，及注册会计师如何取得有关服务机构内部控制设计、执行和运行有效性的证据；(11)拟利用在以前期审计工作中获取的审计证据的程度，如获取的与风险评估程序和控制测试相关的审计证据;(12)信息技术对审计程序的影响,包括数据的可获得性和预期使用计算机辅助审计技术的情况;(13)根据中期财务信息审阅及在审阅中所获信息对审计的影响,相应调整审计涵盖范围和时间安排;(14)与为被审计单位提供其他服务的会计师事务所人员讨论可能影响审计的事项;(15)被审计单位的人员和相关数据可利用性。

(二)报告目标、时间安排及所需沟通

总体审计策略的制定应当包括明确审计业务的报告目标,以计划审计的时间安排和所需沟通的性质,包括提交审计报告的时间要求、预期与管理层和治理层沟通的重要日期等。

为计划报告目标、时间安排和所需沟通,注册会计师需要考虑下列事项。

(1)被审计单位的财务报告时间表;(2)与管理层和治理层就审计工作的性质、范围和时间所举行的会议的组织工作;(3)与管理层和治理层讨论预期签发报告和其他沟通文件的类型及提交时间,如审计报告、管理建议书和与治理层沟通函等;(4)就组成部分的报告和其他沟通文件的类型及提交时间与负责组成部分审计的注册会计师沟通;(5)项目组成员之间预期沟通的性质和时间安排,包括项目组会议的性质和时间安排及复核工作的时间安排;(6)是否需要跟第三方沟通,包括与审计相关的法律、法规规定和业务约定书约定的报告责任;(7)与管理层讨论预期在整个审计过程中通报审计工作进展及审计结果的方式。

(三)审计方向

总体审计策略的制定应当包括考虑影响审计业务的重要因素,以确定项目组工作方向,包括确定适当的重要性水平,初步识别可能存在较高的重大错报风险的领域,初步识别重要的组成部分和账户余额,评价是否需要针对内部控制的有效性获取审计证据,识别被审计单位、所处行业、财务报告要求及其他相关方面最近发生的重大变化等。

在确定审计方向时,注册会计师需要考虑下列事项。

(1)重要性方面。具体包括:1)在制订审计计划时确定的重要性水平;2)为组成部分确定重要性且与组成部分的注册会计师沟通;3)在审计过程中重新考虑重要性;4)识别重要的组成部分和账户余额;(2)重大错报风险较高的审计领域;

(3)评估的财务报表层次的重大错报风险对指导、监督及复核的影响;(4)项目组成员的选择(在必要时包括项目质量控制复核人员)和工作分工,包括向重大错报风险较高的审计领域分派具备适当经验的人员;(5)项目预算,包括考虑为重大错报风险可能较高的审计领域分配适当的工作时间;(6)向项目组成员强调在收集和评价审计证据过程中保持职业怀疑必要性的方式;(7)以往审计中对内部控制运行有效性评价的结果,包括所识别的控制缺陷的性质及应对措施;(8)管理层重视设计和实施健全的内部控制的相关证据,包括这些内部控制得以适当记录的证据;(9)业务交易量规模,以基于审计效率的考虑确定是否信赖内部控制;(10)管理层对内部控制重要性的重视程度;(11)影响被审计单位经营的重大发展变化,包括信息技术和业务流程的变化,关键管理人员变化,以及收购、兼并和分立;(12)重大的行业发展情况,如行业法规变化和新的规定;(13)会计准则及会计制度的变化;(14)其他重大变化,如影响被审计单位的法律环境的变化。

总体审计策略应能恰当地反映注册会计师考虑审计范围、时间和方向的结果。注册会计师应当在总体审计策略中清楚地说明下列内容。

(1)向具体审计领域调配的资源,包括向高风险领域分派有适当经验的项目组成员,就复杂的问题利用专家工作等;(2)向具体审计领域分配资源的数量,包括安排到重要存货存放地观察存货盘点的项目组成员的数量,对其他注册会计师工作的复核范围,对高风险领域安排的审计时间预算等;(3)何时调配这些资源,包括是在期中审计阶段还是在关键的截止日期调配资源等;(4)如何管理、指导、监督这些资源的利用,包括预期何时召开项目组预备会和总结会,预期项目负责人和经理如何进行复核,是否需要实施项目质量控制复核等。

三、具体审计计划

(一)总体审计策略与具体审计计划的关系

总体审计策略一经制定,注册会计师应当针对总体审计策略中所识别的不同事项,制订具体审计计划,并考虑通过有效利用审计资源以实现审计目标。在实务中,注册会计师将制定总体审计策略和具体审计计划相结合进行,可能会使计划审计工作更有效率及效果,并且注册会计师也可以采用将总体审计策略和具体审计计划合并为一份审计计划文件的方式,提高编制及复核工作的效率,增强其效果。

(二)具体审计计划包括的内容

具体审计计划比总体审计策略更加详细，其内容包括为获取充分、适当的审计证据以将审计风险降至可接受的低水平，项目组成员拟实施的审计程序的性质、时间和范围。可以说，为获取充分、适当的审计证据，确定审计程序的性质、时间和范围的决策是具体审计计划的核心。具体审计计划应当包括风险评估程序、计划实施的进一步审计程序和其他审计程序。

1. 风险评估程序

具体审计计划应当包括按照《中国注册会计师审计准则第 1211 号——了解被审计单位及其环境并评估重大错报风险》的规定，为了足够识别和评估财务报表重大错报风险，注册会计师计划实施的风险评估程序的性质、时间和范围。

2. 计划实施的进一步审计程序

具体审计计划应当包括按照《中国注册会计师审计准则第 1231 号——针对评估的重大错报风险实施的程序》的规定，针对评估的认定层次的重大错报风险，注册会计师计划实施的进一步审计程序的性质、时间和范围。

需要强调的是，随着审计工作的推进，对审计程序的计划会一步步深入，并贯穿于整个审计过程。例如，计划风险评估程序通常在审计开始阶段进行，计划进一步审计程序则需要依据风险评估程序的结果进行。因此，为达到编制具体审计计划的要求，注册会计师需要完成风险评估程序，识别和评估重大错报风险，并针对评估的认定层次的重大错报风险，计划实施进一步审计程序的性质、时间和范围。

通常，注册会计师计划的进一步审计程序可以分为进一步审计程序的总体方案和拟实施的具体审计程序(包括进一步审计程序的具体性质、时间和范围)两个层次。进一步审计程序的总体方案主要是指注册会计师针对各类交易、账户余额和列报决定采用的总体方案(包括实质性方案或综合性方案)。具体审计程序则是对进一步审计程序的总体方案的延伸和细化，它通常包括控制测试和实质性程序的性质、时间和范围。在实务中，注册会计师通常单独编制一套包括这些具体程序的“进一步审计程序表”，待具体实施审计程序时，注册会计师将基于所计划的具体审计程序，进一步记录所实施的审计程序及结果，并最终形成有关进一步审计程序的审计工作底稿。

另外，完整、详细地进一步审计程序的计划会包括对各类交易、账户余额和列报实施的具体审计程序的性质、时间和范围，包括抽取的样本量等。在实务中，注册会计师可以统筹安排进一步审计程序的先后顺序，如果对某类交易、账户余额或列报已经做出计划，则可以安排先行开展工作，与此同时再制定其他交易、账户余额和列报的进一步审计程序。

(三)计划实施的其他审计程序

具体审计计划应当包括根据中国注册会计师审计准则的规定，注册会计师针对审计业务需要实施的其他审计程序。计划的其他审计程序可以包括上述进一步程序的计划中没有涵盖的、根据其他审计准则的要求注册会计师应当执行的既定程序。

计划审计工作并非审计业务的一个孤立阶段，而是一个持续的、不断修正的过程，贯穿于整个审计业务的始终。

审计过程可以分为不同阶段，通常前一阶段的工作结果会对后一阶段的工作计划产生影响，而后一阶段的工作过程中又可能发现需要对已制订的相关计划进行相应的更新和修改。通常来讲，这些更新和修改涉及比较重要的事项。例如，对重要性水平的修改，对某类交易、账户余额和列报的重大错报风险的评估和进一步审计程序(包括总体方案和拟实施的具体审计程序)的更新和修改等。一旦计划被更新和修改，审计工作也就应当进行相应修正。

注册会计师应在评估重大错报风险的基础上，计划对项目组成员工作的指导、监督与复核的性质、时间和范围。当评估的重大错报风险增加时，注册会计师通常会扩大指导与监督的范围，增强指导与监督的及时性，执行更详细的复核工作。在计划复核的性质、时间和范围时，注册会计师还应考虑单个项目组成员的素质和专业胜任能力。

四、与治理层和管理层的沟通

与治理层和管理层的沟通有助于注册会计师协调某些计划的审计程序与被审计单位人员工作之间的关系，从而使审计业务更易于执行和管理，提高审计效率与效果。注册会计师可以就计划审计工作的基本情况与被审计单位治理层和管理层进行沟通。沟通的内容可以包括审计的时间安排和总体策略、审计工作中受到的限制及治理层和管理层对审计工作的额外要求等。

当就总体审计策略和具体审计计划中的内容与治理层、管理层进行沟通时，注册会计师应当保持职业谨慎，以防止由于具体审计程序易于被管理层或治理层所预见而损害审计工作的有效性。

需要强调的是，虽然注册会计师可以就总体审计策略和具体审计计划的某些内容与治理层和管理层沟通，但是制定总体审计策略和具体审计计划仍然是注册会计师的责任。

第二节　审计重要性

一、重要性的含义

审计重要性是审计学的一个基本概念。审计重要性概念的运用贯穿于整个审计过程。重要性取决于在具体环境下对错报金额和性质的判断。重要性的含义为：如果一项错报单独或连同其他错报可能影响财务报表使用者依据财务报表做出的经济决策，则该项错报是重大的。为了更清楚地理解重要性的概念，需要注意以下几点。

（一）重要性概念中的错报包含漏报

财务报表错报包括财务报表金额的错报和财务报表披露的错报。

（二）重要性包括对数量和性质两个方面的考虑

所谓数量方面，是指错报的金额大小，性质方面则是指错报的性质。一般而言，金额大的错报比金额小的错报更重要。在有些情况下，某些金额的错报从数量上看并不重要，但从性质上考虑，则可能是重要的，对于某些财务报表披露的错报，难以从数量上判断是否重要，应从性质上考虑其是否重要。

（三）重要性概念是针对财务报表使用者决策的信息需求而言的

判断一项错报重要与否，应视其对财务报表使用者依据财务报表做出经济决策的影响程度而定。如果财务报表中的某项错报足以改变或影响财务报表使用者的相关决策,则该项错报就是重要的,否则就不重要。

值得说明的是,在通用目的财务报表的审计中,注册会计师对重要性的判断是基于将财务报表使用者作为具有一定的理解能力并能理性地做出相关决策的一个集体来考虑的。注册会计师难以考虑错报对具体的单个使用者可能产生的影响,因为他们的需求千差万别。例如,就一个以盈利为目的的企业而言,由于投资者是该企业风险资本的提供者,能满足这些投资者信息需求的财务报表也将能满足该财务报表的其他使用者的信息需求。因此,在审计这类企业的财务报表时,投资者群体可被视为所有信息使用者的代表,投资者的信息需求是确定重要性的合适的参考依据。

所谓通用目的财务报表,是指被审计单位按照适用的会计准则和相关会计制度的规定编制的、用以满足广大使用者的共同信息需求的财务报表。

如果注册会计师对特殊目的审计业务出具审计报告,在确定重要性时需要考虑特定使用者的信息需求,以实现特殊审计目标。

(四)重要性的确定离不开具体环境

由于不同的被审计单位面临不同的环境,不同的报表使用者有着不同的信息需求,因此注册会计师确定的重要性也不相同。某一金额的错报对某被审计单位的财务报表来说是重要的,而对另一个被审计单位的财务报表来说可能不重要。例如,错报 10 万元对一个小公司来说可能是重要的,而对另一个大公司来说则可能不重要。

(五)对重要性的评估需要运用职业判断

影响重要性的因素很多,注册会计师应当根据被审计单位面临的环境,并综合考虑其他因素,合理确定重要性水平。不同的注册会计师在确定同一被审计单位财务报表层次和认定层次的重要性水平时,得出的结果可能不同。主要是因为对影响重要性的各因素的判断存在差异。因此,注册会计师需要运用职业判断来合理评估重要性。

需要注意的是,如果仅从数量角度考虑,重要性水平只是一个门槛或临界点。在该门槛或临界点之上的错报就是重要的;反之,该错报则不重要。重要性并不是财务信息的主要质量特征。

二、计划审计工作时对重要性的评估

(一)确定计划的重要性水平时应考虑的因素

在计划审计工作时,注册会计师应当确定一个可接受的重要性水平,以发现在金额上重大的错报。注册会计师应当考虑较小金额错报的累计结果可能对财务报表产生重大影响。

注册会计师在确定计划的重要性水平时,应当考虑以下主要因素。

1.对被审计单位及其环境的了解

被审计单位的行业状况、法律环境与监管环境等其他外部因素,以及被审计单位业务的性质,对会计政策的选择和应用,被审计单位的目标、战略及相关的经营风险,被审计单位的内部控制等因素,都将影响注册会计师对重要性水平的判断。

2.审计的目标,包括特定报告要求

信息使用者的要求等因素影响注册会计师对重要性水平的确定。例如,对特定财务报表项目进行审计的业务,其重要性水平可能需要以该项目金额,而不是以财务报表的一些汇总性财务数据为基础加以确定。

3.财务报表各项目的性质及其相互关系

财务报表使用者对不同的报表项目的关心程度不同。一般而言,如果认为流动性较高的项目出现较小金额的错报就会影响报表使用者的决策,注册会计师应当对此从严确定重要性水平。由于财务报表各项目之间是相互联系的,注册会计师在确定重要性水平时,需要考虑这种相互联系。

4.财务报表项目的金额及其波动幅度

财务报表项目的金额及其波动幅度可能促使财务报表使用者做出不同的反应。因此,注册会计师在确定重要性水平时,应当深入研究这些项目的金额及其

波动幅度。

总之，只要影响预期财务报表使用者决策的因素，都可能对重要性水平产生影响。注册会计师应当在计划阶段充分考虑这些因素，并采用合理的方法，确定重要性水平。

（二）从数量方面考虑重要性

在审计过程中，注册会计师应当考虑财务报表层次和各类交易、账户余额、列报认定层次的重要性水平。

注册会计师应当从数量和性质两个方面考虑重要性。重要性水平是针对错报的金额大小而言。重要性水平是一个经验值，注册会计师只能通过职业判断确定重要性水平。

1.财务报表层次的重要性水平

由于财务报表审计的目标是注册会计师通过执行审计工作对财务报表发表审计意见，因此，注册会计师应当考虑财务报表层次的重要性。只有这样，才能得出财务报表是否公允反映的结论。注册会计师在制定总体审计策略时，应当确定财务报表层次的重要性水平。

确定多大错报会影响到财务报表使用者所作决策，是注册会计师运用职业判断的结果。很多注册会计师根据所在会计师事务所的惯例及自己的经验，考虑重要性水平。注册会计师通常先选择一个恰当的基准，再选用适当的百分比乘以该基准，从而得出财务报表层次的重要性水平。

在实务中，有许多汇总性财务数据可以用做确定财务报表层次重要性水平的基准，如总资产、净资产、销售收入、费用总额、毛利、净利润等。在选择适当的基准时，注册会计师应当考虑的因素包括以下几方面。

（1）财务报表的要素（如资产、负债、所有者权益、收入和费用等）、适用的会计准则和相关会计制度所定义的财务报表指标（如财务状况、经营成果和现金流量），以及适用的会计准则和相关会计制度提出的其他具体要求；（2）对某被审计单位而言，是否存在财务报表使用者特别关注的财务报表项目（如特别关注与评价经营成果相关的信息）；（3）被审计单位的性质及所在行业；（4）被审计单位的规模、所有权性质以及融资方式。

注册会计师对基准的选择有赖于被审计单位的性质和环境。例如，对以盈利为目的的被审计单位，来自经常性业务的税前利润或税后净利润可能是一个适当的基准；而对收益不稳定的被审计单位或非营利组织，选择税前利润或税后净利润作为判断重要性水平的基准就不合适。对资产管理公司，净资产可能是一个适当的基准。注册会计师通常选择一个相对稳定、可预测且能够反映被审计单位正常规模的基准。由于销售收入和总资产具有相对稳定性，注册会计师经常将其用作确定计划重要性水平的基准。

在确定恰当的基准后，注册会计师通常运用职业判断合理选择百分比，据以确定重要性水平。以下是一些参考数值的举例。

（1）对以营利为目的的企业，来自经常性业务的税前利润或税后净利润的5%，或总收入的0.5%。在适当情况下，也可采用总资产或净资产的一定比例等；（2）对非营利组织，费用总额或总收入的0.5%；（3）对共同基金公司，净资产的0.5%。

注册会计师执行具体审计业务时，可能认为采用比上述百分比更高或更低的比例是适当的。

此外，注册会计师在确定重要性时，通常考虑以前期间的经营成果和财务状况、本期的经营成果和财务状况、本期的预算和预测结果、被审计单位情况的重大变化（如重大的企业购并）以及宏观经济环境和所处行业环境发生的相关变化。例如，注册会计师在将净利润作为确定某被审计单位重要性水平的基准时，因情况变化使该被审计单位本年度净利润出现意外的增加或减少，注册会计师可能认为选择近几年的平均净利润作为确定重要性水平的基准更加合适。

注册会计师在确定重要性水平时，不需考虑与具体项目计量相关的固有不确定性。例如，财务报表含有高度不确定性的大额估计，注册会计师并不会因此而确定一个比不含有该估计的财务报表的重要性更高或更低的重要性水平。

2. 各类交易、账户余额、列报认定层次的重要性水平

由于财务报表提供的信息由各类交易、账户余额、列报认定层次的信息汇集加工而成，注册会计师只有通过对各类交易、账户余额、列报认定层次实施审计，才能得出财务报表是否公允反映的结论。因此，注册会计师还应当考虑各类交易、账户余额、列报认定层次的重要性。

各类交易、账户余额、列报认定层次的重要性水平称为“可容忍错报”。可容忍错报的确定以注册会计师对财务报表层次重要性水平的初步评估为基础。它

是在不导致财务报表存在重大错报的情况下，注册会计师对各类交易、账户余额、列报确定的可接受的最大错报。

在确定各类交易、账户余额、列报认定层次的重要性水平时，注册会计师应当考虑以下因素：第一，各类交易、账户余额、列报的性质及错报的可能性；第二，各类交易、账户余额、列报的重要性水平与财务报表层次重要性水平的关系。由于为各类交易、账户余额、列报确定的重要性水平即可容忍错报，对审计证据数量有直接的影响，因此注册会计师应当合理确定可容忍错报。

需要强调的是，在制定总体审计策略时，注册会计师应当对那些金额本身就低于所确定的财务报表层次重要性水平的特定项目作额外的考虑。注册会计师应当根据被审计单位的具体情况，运用职业判断，考虑是否能够合理地预计这些项目的错报将影响使用者依据财务报表做出的经济决策（如有这种情况的话）。注册会计师在做出这一判断时，应当考虑的因素包括：(1)会计准则、法律法规是否影响财务报表使用者对特定项目计量和披露的预期（如关联方交易、管理层及治理层的报酬）；(2)与被审计单位所处行业及其环境相关的关键性披露（如制药业的研究与开发成本）；(3)财务报表使用者是否特别关注财务报表中单独披露的特定业务分部（如新近购买的业务）的财务业绩。

了解治理层和管理层对上述问题的看法和预期，可能有助于注册会计师根据被审计单位的具体情况做出这一判断。

三、对计划阶段确定的重要性水平的调整

在审计执行阶段，随着审计过程的推进，注册会计师应当及时评价计划阶段确定的重要性水平是否仍然合理，并根据具体环境的变化或在审计执行过程中进一步获取的信息，修正计划的重要性水平，进而修改进一步审计程序的性质、时间和范围。例如，随着审计证据的累积，注册会计师可能认为初始选用的重要性基准并不恰当，需要选用其他的基准来计算重要性水平。在确定审计程序后，如果注册会计师决定接受更低的重要性水平，审计风险将增加。注册会计师应当选用下列方法将审计风险降至可接受的低水平：(1)如有可能，通过扩大控制测试范围或实施追加的控制测试，降低评估的重大错报风险，并支持降低后的重大错报风险水平；(2)通过修改计划实施的实质性程序的性质、时间和范围，降低检查风险。

四、评价错报的影响

(一)尚未更正错报的汇总数

尚未更正错报的汇总数包括已经识别的具体错报和推断误差，分别说明如下。

1. 已经识别的具体错报

已经识别的具体错报是指注册会计师在审计过程中发现的，能够准确计量的错报，包括下列两类。

(1)对事实的错报

这类错报产生于被审计单位收集和处理数据的错误，对事实的忽略或误解，或故意舞弊行为。例如，注册会计师在实施细节测试时发现最近购入存货的实际价值为 15 000 元，但账面记录的金额却为 10 000 元。因此，存货和应付账款分别被低估了 5 000 元，这里被低估的 5 000 元就是已识别的对事实的具体错报。

(2)涉及主观决策的错报

这类错报产生于两种情况：一是管理层和注册会计师对会计估计值的判断差异，例如，由于包含在财务报表中的管理层做出的估计值超出了注册会计师确定的一个合理范围，导致出现判断差异；二是管理层和注册会计师对选择和运用会计政策的判断差异，由于注册会计师认为管理层选用会计政策造成错报，管理层却认为选用会计政策适当，导致出现判断差异。

2. 推断误差

也称“可能误差”，是注册会计师对不能明确、具体地识别的其他错报的最佳估计数。推断误差通常包括以下几点。

(1)通过测试样本估计出的总体的错报减去在测试中发现的已经识别的具体错报

例如，应收账款年末余额为 2000 万元，注册会计师抽查样本发现金额有 100 万元的高估，高估部分为账面金额的 20%，据此注册会计师推断总体的错报金额为 400 万元(即 2000×20%),那么上述 100 万元就是已识别的具体错报,其余 300 万元即推断误差。

(2)通过实质性分析程序推断出的估计错报

例如,注册会计师根据客户的预算资料及行业趋势等要素,对客户年度销售费用独立地做出估计,并与客户账面金额比较,发现两者间有 50%的差异;考虑到估计的精确性有限,注册会计师根据经验认为 10%的差异通常是可接受的,而剩余 40%的差异需要有合理解释并取得佐证性证据;假定注册会计师对其中 20%的差异无法得到合理解释或不能取得佐证,则该部分差异金额即为推断误差。

(二)评价尚未更正错报的汇总数的影响

注册会计师应当评估在审计过程中已识别但尚未更正错报的汇总数是否重大。

注册会计师需要在出具审计报告之前,评估尚未更正错报单独或累积的影响是否重大。在评估时,注册会计师应当从特定的某类交易、账户余额及列报认定层次和财务报表层次考虑这些错报的金额和性质,以及这些错报发生的特定环境。

注册会计师应当分别考虑每项错报对相关交易、账户余额及列报的影响,包括错报是否超过之前为特定交易、账户余额及列报所设定的较之财务报表层次重要性水平更低的可容忍错报。此外,如果某项错报是(或可能是)由舞弊造成的,无论其金额大小,注册会计师均应当按照《中国注册会计师审计准则第 1141 号——财务报表审计中对舞弊的考虑》的规定,考虑其对整个财务报表审计的影响。考虑到某些错报发生的环境,即使其金额低于计划的重要性水平,注册会计师仍可能认为其单独或连同其他错报从性质上看是重大的。可能影响注册会计师评估错报从性质上看是否重大的因素包括错报是否与违反监管要求或合同规定有关;是否掩盖了收益或其他趋势的变化;是否影响用来评价被审计单位财务状况、经营成果和现金流量的相关比率;是否会导致管理层报酬的增加;是否影响财务报表中列示的分部信息等。

注册会计师在评估未更正错报是否重大时,不仅需要考虑每项错报对财务报表的单独影响,而且需要考虑所有错报对财务报表的累积影响及其形成原因，尤其是一些金额较小的错报，虽然单个看起来并不重大，但是其累计数却可能对财务报表产生重大的影响。例如，某个月末发生的错报可能并不重要，但是如果每个月末都发生相同的错报，其累计数就有可能对财务报表产生重大影响。为全面地评价错报的影响，注册会计师应将审计过程中已识别的具体错报和推断误差进行汇总。

尚未更正错报与财务报表层次重要性水平相比，可能出现以下两种情况。

1. 尚未更正错报的汇总数低于重要性水平

如果尚未更正错报汇总数低于重要性水平，对财务报表的影响不重大，注册会计师可以发表无保留意见的审计报告。

2. 尚未更正错报的汇总数超过或接近重要性水平

按照《中国注册会计师审计准则第 1141 号——财务报表审计中对舞弊的考虑》的规定，如果尚未更正错报汇总数超过了重要性水平，对财务报表的影响可能是重大的，注册会计师应当考虑通过扩大审计程序的范围或要求管理层调整财务报表降低审计风险。在任何情况下，注册会计师都应当要求管理层就已识别的错报调整财务报表。

如果管理层拒绝调整财务报表，并且扩大审计程序范围的结果不能使注册会计师认为尚未更正错报的汇总数不重大，注册会计师应当考虑出具非无保留意见的审计报告。

如果已识别但尚未更正错报的汇总数接近重要性水平，注册会计师应当考虑该汇总数连同尚未发现的错报是否可能超过重要性水平，并考虑通过实施追加的审计程序，或要求管理层调整财务报表降低审计风险。

在评价审计程序结果时，注册会计师确定的重要性和审计风险，可能与计划审计工作是评估的重要性和审计风险存在差异，注册会计师应当考虑实施的审计程序是否充分。

（三）从性质方面考虑重要性

金额不重要的错报从性质上看有可能是重要的。注册会计师在判断错报的性质是否重要时应该考虑的具体情况包括：(1)错报对遵守法律法规要求的影响程度;(2)错报对遵守债务契约或其他合同要求的影响程度;(3)错报掩盖收益或其他趋势变化的程度(尤其在联系宏观经济背景和行业状况进行考虑时);(4)错报对用于评价被审计单位财务状况、经营成果或现金流量的有关比率的影响程度;(5)错报对财务报表中列报的分部信息的影响程度。例如,错报事项对分部或被审计单位其他经营部分的重要程度,而这些分部或经营部分对被审计单位的经营或盈利有重大影响;(6)错报对增加管理层报酬的影响程度。例如,管理层通过错报来达到有关奖金或其他激励政策规定的要求,从而增加其报酬;(7)错报对某些账户余额之间错误分类的影响程度,这些错误分类影响到财务报表中应单独披露的项目。例如,经营收益和非经营收益之间的错误分类,非营利单位的受到限制资源和非限制资源的错误分类;(8)相对于注册会计师所了解的以前向报表使用者传达的信息(例如,盈利预测)而言,错报的重大程度;(9)错报是否与涉及特定方的项目相关。例如,与被审计单位发生交易的外部单位是否与被审计单位管理层的成员有关联;(10)错报对信息漏报的影响程度。在有些情况下,适用的会计准则和相关会计制度并未对该信息做出具体要求,但是注册会计师运用职业判断,认为该信息对财务报表使用者了解被审计单位的财务状况、经营成果或现金流量很重要;(11)错报对与已审计财务报表一同披露的其他信息的影响程度,该影响程度能被合理预期将对财务报表使用者做出经济决策产生影响。

需要指出的是,这些因素只是举例,不可能包括所有情况,也并非所有审计都会出现上述全部因素。注册会计师不能因这些因素的存在为由而必然认为错报是重大的。这些因素仅供注册会计师参考。

第三节　审计风险

一、审计风险

审计风险是指财务报表存在重大错报而注册会计师发表不恰当审计意见的可能性。审计风险并不包含这种情况,即财务报表不含有重大错报,而注册会计师错误地发表了财务报表含有重大错报的审计意见的风险。

可接受的审计风险的确定,需要考虑会计师事务所对审计风险的态度、审计失败对会计师事务所可能造成的损失的大小因素。其中，审计失败对会计师事务所可能造成的损失的大小又受所审计财务报表的用途、使用者的范围等因素的影响。但必须注意，审计业务是一种保证程度高的鉴证业务，可接受的审计风险应当足够低，以使注册会计师能够合理保证所审计财务报表不含有重大错报。审计风险取决于重大错报风险和检查风险。

二、重大错报风险

重大错报风险是指财务报表在审计前存在重大错报的可能性。在设计审计程序以确定财务报表整体是否存在重大错报时，注册会计师应当从财务报表层次和各类交易、账户余额、列报（包括披露，下同）认定层次考虑重大错报风险。

（一）财务报表的重大错报风险

财务报表层次重大错报风险与财务报表整体存在广泛联系，它可能影响多项认定。此类风险通常与控制环境有关，如管理层缺乏诚信、治理层形同虚设而不能对管理层进行有效监督等；但也可能与其他因素有关，如经济萧条、企业所处行业处于衰退期。此类风险难以被界定于某类交易、账户余额、列报的具体认定，相反，此类风险增大了一个或多个不同认定发生重大错报的可能性。此类风险对注册会计师考虑由舞弊引起的风险特别相关。

注册会计师评估财务报表层次重大错报风险的措施包括：考虑审计项目组承担重要责任的人员的学识、技术和能力，是否需要专家介入；考虑给予业务助理人员适当程度的监督指导；考虑是否存在怀疑被审计单位持续经营假设合理性的事项或情况。

（二）认定层次的重大错报风险

注册会计师同时应该考虑各类交易、账户余额、列报认定层次的重大错报风险，考虑的结果直接有利于注册会计师确定认定层次上实施的进一步审计程序的性质、时间和范围。注册会计师在各类交易、账户余额、列报认定层次获取审计证据，以便在审计工作完成时，以可接受的低审计风险水平对财务报表整体发表意见。

认定层次的重大错报风险又可进一步细分为固有风险和控制风险。

固有风险是指假设不存在相关的内部控制，某一认定发生重大错报风险的可能性，无论该错报单独考虑，还是连同其他错报构成重大错报。

控制风险是指某项认定发生了重大错报，无论该错报单独考虑，还是连同其他错报构成重大错报，而该错报没有被单位的内部控制及时防止、发现和纠正的可能性。控制风险取决于与财务报表编制有关的设计和运行的有效性。由于控制的固有局限性，某种程序的控制风险始终存在。

三、检查风险

检查风险是指某一认定存在错报，该错报单独或连同其他错报是重大的，但注册会计师未能发现这种错报的可能性。检查风险是审计风险中唯一能够通过审计人员的工作加以控制的风险。检查风险取决于审计程序设计的合理性和执行的有效性。由于注册会计师通常并不对所有的交易、账户余额和列报进行检查，以及其他原因，检查风险不可能降低为零。其他原因包括注册会计师可能选择了不恰当的审计程序、审计程序执行不当，或者错误理解了审计结论。这些其他因素可以通过适当计划、在项目组成员之间进行恰当的职责分配、保持职业怀疑态度以及监督、指导和复核助理人员所执行的审计工作得以解决。

四、检查风险与重大错报风险的反向关系

在既定的审计风险水平下，可接受的检查风险水平与认定层次重大错报风险的评估结果呈反向关系。评估的重大错报风险越高，可接受的检查风险越低；评估的重大错报风险越低，可接受的检查风险越高。

五、重要性与审计风险的关系

重要性与审计风险之间存在反向关系。重要性水平越高，审计风险越低；重要性水平越低，审计风险越高。这里所说的重要性水平高低指的是金额的大小。通常，4000 元的重要性水平比 2000 元的重要性水平高。在理解两者之间的关系时，必须注意，重要性水平是注册会计师从财务报表使用者的角度进行判断的结果。如果重要性水平是 4000 元，则意味着低于 4000 元的错报不会影响到财务报表使用者的决策，此时注册会计师需要通过执行有关审计程序合理

保证能发现高于 4000 元的错报。如果重要性水平是 2000 元，则金额在 2000 元以上的错报就会影响财务报表使用者的决策，此时注册会计师需要通过执行有关审计程序合理保证能发现金额在 2000 元以上的错报。显然，重要性水平为 2000 元时审计不出这样的重大错报的可能性即审计风险，要比重要性水平为 4000 元时的审计风险高。审计风险越高，越要求注册会计师收集更多更有效的审计证据，以将审计风险降至可接受的低水平。因此，重要性和审计证据之间也是反向变动关系。

值得注意的是，注册会计师不能通过不合理地人为调高重要性水平，降低审计风险；因为重要性是依据重要性概念中所述的判断标准确定的，而不是由主观期望的审计风险水平决定。

由于重要性和审计风险存在上述反向关系，而且这种关系对注册会计师将要执行的审计程序的性质、时间和范围有直接的影响，因此，注册会计师应当综合考虑各种因素，合理确定重要性水平。

第六章　风险评估和应对

注册会计师实施风险导向审计，其目标是对财务报表不存在由于错误或舞弊导致的重大错报获取合理保证。风险导向审计是当今主流的审计方法，它要求注册会计师评估财务报表的重大错报风险，根据审计结果出具恰当的审计报告。在本章，我们将结合审计风险准则，介绍如何对重大错报风险进行识别、评估和应对，并最终将审计风险降至可接受的低水平。

第一节　风险评估与应对概述

一、审计风险准则的出台

审计风险准则项目最早由国际审计与鉴证准则理事会(IAASB)起草，并受到联合工作组(Joint Working Group)和美国公共监督理事会(Public Oversight Board)的审计效率研究工作组(原美国注册会计师协会下设组织)的影响。

国际审计与鉴证准则理事会和美国审计准则委员会(ASB，原美国注册会计师协会下设组织)都确定了有关项目，应对审计环境变化，并考虑联合工作组和公共监督理事会的研究建议。由于两个准则制定机构面临相似的问题，具有提高审计质量的共同目的，因此两个项目小组合并成立了联合风险评估工作组，制定共同的审计风险准则，从源头上实现国际协调。

在审计风险准则项目开始的初期，相继发生了一些国际知名公司财务舞弊丑闻，严重损害了社会公众对审计有效性的信心，并导致准则制定机构对注册会计师的工作进行大量和深入的调查。尽管国际审计与鉴证准则理事会(IAASB)起草的审计风险准则项目并不是直接针对这些审计失败而直接做出的应对，但准则项目随后的调整、修改和完善(特别是对整个审计过程加以改进的思路)的确受到了这些重大事件的影响。国际审计与鉴证准则理事会(IAASB)也希望借这些准则提高全球范围内的审计实务标准及其运用的一致性。

随着经济全球化进程的加快，我国经济的快速发展，以及企业经营环境的急速变化，我国审计准则建设面临许多挑战，主要体现在：行业面临的风险有日益增大的趋势；现行审计实务不能有效应对财务报表重大错报风险；审计风险准则的出台导致国际审计准则出现很大变化；我国与其他国家和地区的经济依存度日益提高，审计准则国际趋同的要求越来越迫切。面对上述挑战，出台审计风险准则，以提高审计质量，降低行业风险。

二、审计风险准则体现出的重大变化

我国出台的审计风险准则，包括《中国注册会计师审计准则第 1101 号——财务报表审计的目标和一般原则》《中国注册会计师审计准则第 1301 号——审计证据》《中国注册会计师审计准则第 1211 号——了解被审计单位及其环境并评估重大错报风险》和《中国注册会计师审计准则第 1231 号——针对评估的重大错报风险实施的程序》。通过修订审计风险模型，要求注册会计师必须了解被审计单位及其环境，包括内部控制，以充分识别和评估财务报表重大错报的风险，针对评估的重大错报风险设计和实施控制测试和实质性程序。

与现行审计准则相比，审计风险准则的重大变化体现在以下方面。

第一，要求注册会计师加强对被审计单位及其环境的了解。注册会计师应当实施程序，更广泛和更深入地了解被审计单位及其环境的各个方面，包括了解内部控制，为识别财务报表层次以及各类交易、账户余额、列报和披露认定层次重大错报风险提供更好的基础。

第二，要求注册会计师在审计的所有阶段都要实施风险评估程序。注册会计师应当将识别的风险与认定层次可能发生错报的领域相联系，实施更为严格的风险评估程序，而不能直接将风险设定为高水平。

第三，要求注册会计师将识别和评估的风险与实施的审计程序挂钩。在设计和实施进一步审计程序（控制测试和实质性测试）时，注册会计师应当将审计程序的性质、时间和范围与识别、评估的风险相联系，以防止机械地利用程序表从形式上迎合审计准则对程序的要求。

第四，要求注册会计师针对重大的各类交易、账户余额、列报和披露实施实质性测试。注册会计师对重大错报风险评估是一种判断，被审计单位内部控制存在固有限制，无论评估的重大错报风险结果如何，注册会计师均应当针对重大的各类交易、账户余额、列报和披露实施实质性程序，不得将实质性测试仅集中在例外事项上。

第五，要求注册会计师将识别、评估和应对风险的关键程序形成审计工作记录，以保证执业质量，明确执业责任。

审计风险准则的出台，有利于降低审计失败发生的概率，增强社会公众对行业的信心；有利于严格审计程序，识别、评估和应对重大错报风险；有利于明确审计责任，实施有效的质量控制；有利于促使注册会计师掌握新知识和新技能，提高整个行业的专业水平。同时，审计风险准则对注册会计师风险评估程序，以及依据风险评估结果实施进一步审计程序的影响很大，因此，也影响到审计工作的各个方面。

审计风险准则的出台，有利于降低审计失败发生的概率，增强社会公众对行业的信心；有利于严格审计程序，识别、评估和应对重大错报风险；有利于明确审计责任，实施有效的质量控制；有利于促使注册会计师掌握新知识和新技能，提高整个行业的专业水平。同时，审计风险准则对注册会计师风险评估程序，以及依据风险评估结果实施进一步审计程序的影响很大，因此，也影响到审计工作的各个方面。

三、风险评估和风险应对概述

(一)风险评估概述

《中国注册会计师审计准则第 1211 号——了解被审计单位及其环境并评估重大错报风险》作为专门规范风险评估的准则，规定注册会计师应当了解被审计单位及其环境，以足够识别和评估财务报表重大错报风险，设计和实施进一步审计程序。

了解被审计单位及其环境是必要程序，特别是为注册会计师在下列关键环节做出职业判断提供重要基础：(1)确定重要性水平，并随着审计工作的进程评估对重要性水平的判断是否仍然适当；(2)考虑会计政策的选择和运用是否恰当，以及财务报表的列报(包括披露，下同)是否适当；(3)识别需要特别考虑的领域，包括关联方交易、管理层运用持续经营假设的合理性，或交易是否具有合理的商业目的等；(4)确定在实施分析程序时所使用的预期值；(5)设计和实施进一步审计程序，以将审计风险降至可接受的低水平；(6)评价所获取审计证据的充分性和适当性。

了解被审计单位及其环境是一个连续和动态地收集、更新与分析信息的过程，贯穿于整个审计过程的始终。注册会计师应当运用职业判断确定需要了解被审计单位及其环境的程度。

评价对被审计单位及其环境了解的程度是否恰当，关键是看注册会计师对被审计单位及其环境的了解是否足以识别和评估财务报表重大错报风险。如果了解被审计单位及其环境获得的信息足以识别和评估财务报表重大错报风险，设计和实施进一步审计程序，那么了解的程度就是恰当的。当然，要求注册会计师对被审计单位及其环境了解的程度，要低于管理层为经营管理企业而对被审计单位及其环境需要了解的程度。

（二）风险应对概述

《中国注册会计师审计准则第 1231 号——针对评估的重大错报风险实施的程序》规定，注册会计师应对重大错报风险，应当遵循以下规定。

（1）注册会计师针对财务报表层次的重大错报风险制定总体应对措施，包括向审计项目组强调在获取审计证据过程中保持职业怀疑态度的必要性、分派更有经验或具有特殊技能的审计人员或利用专家，向审计项目组提供更多的督导等；（2）注册会计师应当针对认定层次的重大错报风险设计和实施进一步审计程序，包括测试控制的执行有效性以及实施实质性程序；（3）注册会计师应当评价风险评估的结果是否适当，并确定是否已经获取充分、适当的审计证据；（4）注册会计师应当将实施关键的程序形成审计工作记录。

第二节　了解被审计单位及其环境

一、总体要求

注册会计师应当从下列方面了解被审计单位及其环境。

（1）行业状况、法律环境与监管环境以及其他外部因素；（2）被审计单位的性质；（3）被审计单位对会计政策的选择和运用；（4）被审计单位的目标、战略以及相关经营风险；（5）被审计单位财务业绩的衡量和评价；（6）被审计单位的内部控制。

上述第（1）项是被审计单位的外部环境，第（2）项至第（4）项以及第（6）项是被审计单位的内部因素，第（5）项则既有外部因素也有内部因素。值得注意的是，被审计单位及其环境的各个方面可能会互相影响。例如，被审计单位的行业状况、法律环境与监管环境以及其他外部因素可能影响到被审计单位的目标、战略以及相关经营风险，而被审计单位的性质、目标、战略以及相关经营风险可能影响到被审计单位对会计政策的选择和运用，以及内部控制的设计和执行。因此，注册会计师在对被审计单位及其环境的各个方面进行了解和评估时，应当考虑各因素之间的相互关系。

注册会计师针对上述六个方面实施的风险评估程序的性质、时间和范围取决于审计业务的具体情况，如被审计单位的规模和复杂程度，以及注册会计师的相关审计经验，包括以前对被审计单位提供审计和相关服务的经验和对类似行业、类似企业的审计经验。此外，识别被审计单位及其环境在上述各方面与前期相比发生的重大变化，对于充分了解被审计单位及其环境、识别和评估重大错报风险尤为重要。

二、行业状况、法律环境与监管环境以及其他外部因素

(一)行业状况

了解行业状况有助于注册会计师识别与被审计单位所处行业有关的重大错报风险。

注册会计师应当了解被审计单位的行业状况，主要包括：(1)所处行业的市场供求与竞争；(2)生产经营的季节性和周期性；(3)产品生产技术的变化；(4)能源供应与成本；(5)行业的关键指标和统计数据。

(二)法律环境及监管环境

了解法律环境及监管环境的主要原因在于：(1)某些法律法规或监管要求可能对被审计单位经营活动有重大影响，如不遵守将导致停业等严重后果；(2)某些法律法规或监管要求(如环保法规等)规定了被审计单位某些方面的责任和义务；(3)某些法律法规或监管要求决定了被审计单位需要遵循的行业惯例和核算要求。

注册会计师应当了解被审计单位所处的法律环境及监管环境，主要包括：(1)适用的会计准则、会计制度和行业特定惯例；(2)对经营活动产生重大影响的法律

法规及监管活动；(3)对开展业务产生重大影响的政府政策，包括货币、财政、税收和贸易等政策；(4)与被审计单位所处行业和所从事经营活动相关的环保要求。

(三)其他外部因素

注册会计师应当了解影响被审计单位经营的其他外部因素，主要包括：(1)宏观经济的景气度；(2)利率和资金供求状况；(3)通货膨胀水平及币值变动；(4)国际经济环境和汇率变动。

(四)了解的重点和程度

注册会计师对行业状况、法律环境与监管环境以及其他外部因素了解的范围和程度会因被审计单位所处行业、规模以及其他因素(如在市场中的地位)的不同而不同。例如，对从事计算机硬件制造的被审计单位，注册会计师可能更关心市场和竞争以及技术进步的情况；对金融机构，注册会计师可能更关心宏观经济走势以及货币、财政等方面的宏观经济政策；对化工等产生污染的行业，注册会计师可能更关心相关环保法规。注册会计师应当考虑将了解的重点放在对被审计单位的经营活动可能产生重要影响的关键外部因素以及与前期相比发生的重大变化上。

注册会计师应当考虑被审计单位所在行业的业务性质或监管程度是否可能导致特定的重大错报风险，考虑项目组是否配备了具有相关知识和经验的成员。

三、被审计单位的性质

(一)所有权结构

对被审计单位所有权结构的了解有助于注册会计师识别关联方关系并了解被审计单位的决策过程。

注册会计师应当了解所有权结构以及所有者与其他人员或单位之间的关系，考虑关联方关系是否已经得到识别，以及关联方交易是否得到恰当核算。例如，注册会计师应当了解被审计单位是属于国有企业、外商投资企业、民营企业，还是属于其他类型的企业，还应当了解其直接控股母公司、间接控股母公司、最终控股母公司和其他股东的构成，以及所有者与其他人员或单位（如控股母公司控制的其他企业）之间的关系。注册会计师应当按照《中国注册会计师审计准则第1323号——关联方》的规定，了解被审计单位识别关联方的程序，获取被审计单位提供的所有关联方信息，并考虑关联方关系是否已经得到识别，关联方交易是否得到恰当记录和充分披露。

同时，注册会计师可能需要对其控股母公司（股东）的情况做进一步的了解，包括控股母公司的所有权性质，管理风格及其对被审计单位经营活动及财务报表可能产生的影响；控股母公司与被审计单位在资产、业务、人员、机构、财务等方面是否分开，是否存在占用资金等情况；控股母公司是否施加压力，要求被审计单位达到其设定的财务业绩目标。

（二）治理结构

良好的治理结构可以对被审计单位的经营和财务运作实施有效的监督，从而降低财务报表发生重大错报的风险。注册会计师应当了解被审计单位的治理结构。例如，董事会的构成情况、董事会内部是否有独立董事；治理结构中是否设有审计委员会或监事会及其运作情况。注册会计师应当考虑治理层是否能够在独立于管理层的情况下对被审计单位事务（包括财务报告）做出客观判断。

（三）组织结构

复杂的组织结构可能导致某些特定的重大错报风险。注册会计师应当了解被审计单位的组织结构，考虑复杂组织结构可能导致的重大错报风险，包括财务报表合并、商誉摊销和减值、长期股权投资核算以及特殊目的实体核算等问题。

例如，对于在多个地区拥有子公司、合营企业、联营企业或其他成员机构，或者存在多个业务分部和地区分部的被审计单位，不仅编制合并财务报表的难度增加，还存在其他可能导致重大错报风险的复杂事项，包括对于子公司、合营企业、联营企业和其他股权投资类别的判断及其会计处理；商誉在不同业务分部间的摊销及减值；对特殊目的实体是否进行了适当的会计处理等。

（四）经营活动

了解被审计单位经营活动有助于注册会计师识别预期在财务报表中反映

的主要交易类别、重要账户余额和列报。注册会计师应当了解被审计单位的经营活动。主要包括：(1)主营业务的性质。例如，主营业务是制造业还是商品批发与零售；是银行、保险还是其他金融服务；是公用事业、交通运输还是提供技术产品和服务等；(2)与生产产品或提供劳务相关的市场信息。例如，主要客户和合同、付款条件、利润率、市场份额、竞争者、出口、定价政策、产品声誉、质量保证、营销策略和目标等；(3)业务的开展情况。例如，业务分部的设立情况、产品和服务的交付、衰退或扩展的经营活动的详情等；(4)联盟、合营与外包情况；(5)从事电子商务的情况。例如，是否通过互联网销售产品和提供服务以及从事营销活动；(6)地区与行业分布。例如，是否涉及跨地区经营和多种经营，各个地区和各行业分布的相对规模以及相互之间是否存在依赖关系；(7)生产设施、仓库的地理位置及办公地点；(8)关键客户。例如，销售对象是少量的大客户还是众多的小客户；是否有被审计单位高度依赖的特定客户(如超过销售总额的50%的顾客)；是否有造成高回收性风险的若干客户或客户类别(如正处在一个衰退市场中的客户)；是否与某些客户订立了不寻常的销售条款或条件；(9)重要供应商。例如，是否签订长期供应合同；原材料供应的可靠性和稳定性；付款条件以及原材料是否受重大价格变动的影响；(10)劳动用工情况。例如，分地区用工情况、劳动力供应情况、工资水平、退休金和其他福利、股权激励或其他奖金安排以及与劳动用工事项相关的政府法规；(11)研究与开发活动及其支出；(12)关联方交易。例如，有些客户或供应商是否为关联方；对关联方和非关联方是否采用不同的销售和采购条款。此外，还存在哪些关联方交易，这些交易采用怎样的定价政策。

(五)投资活动

了解被审计单位投资活动有助于注册会计师关注被审计单位在经营策略和方向上的重大变化。注册会计师应当了解被审计单位的投资活动。主要包括：(1)近期拟实施或已实施的并购活动与资产处置情况，包括业务重组或某些业务的终止。注册会计师应当了解并购活动如何与被审计单位目前的经营业务相协调，并考虑它们是否会引发进一步的经营风险。例如，被审计单位并购了一个新的业务部门，注册会计师需要了解管理层如何管理这一新业务，而新业务又如何与现有业务相结合，发挥协同优势，如何解决原有经营业务与新业务在信息系统、企业文化等各方面的不一致；(2)证券投资、委托贷款的发生与处置；(3)资本性投资活动，包括固定资产和无形资产投资，近期或计划发生的变动，以及重大的资本承诺等；(4)不纳入合并范围的投资。例如，联营、合营或其他投资，包括近期计划的投资项目。

(六)筹资活动

了解被审计单位筹资活动有助于注册会计师评估被审计单位在融资方面的压力，并进一步考虑被审计单位在可预见未来的持续经营能力。注册会计师应当了解被审计单位的筹资活动。主要包括：(1)债务结构和相关条款，包括担保情况及表外融资。例如，获得的信贷额度是否可以满足营运需要；得到的融资条件及利率是否与竞争对手相似，如不相似，原因何在；是否存在违反借款合同中限制性条款的情况；是否承受重大的汇率与利率风险；(2)固定资产的租赁，包括通过融资租赁方式进行的筹资活动；(3)关联方融资。例如，关联方融资的特殊条款；(4)实际受益股东。例如，实际受益股东是国内的，还是国外的，其商业声誉和经验可能对被审计单位产生的影响；(5)衍生金融工具的运用。例如，衍生金融工具是用于交易目的还是套期目的，以及运用的种类、范围和交易对手等。

四、被审计单位对会计政策的选择和运用

(一)重要项目的会计政策和行业惯例

重要项目的会计政策包括，收入确认、存货的计价方法、投资的核算、固定资产的折旧方法、坏账准备、存货跌价准备和其他资产减值准备的确定、借款费用资本化方法、合并财务报表的编制方法等。除会计政策以外，某些行业可能还存在一些行业惯例，注册会计师应当熟悉这些行业惯例。当被审计单位采用与行业惯例不同的会计处理方法时，注册会计师应当了解其原因，并考虑采用与行业惯例不同的会计处理方法是否适当。

(二)重大和异常交易的会计处理方法

例如，本期发生的企业合并的会计处理方法。某些被审计单位可能存在与其所处行业相关的重大交易。例如，银行向客户发放贷款、证券公司对外投资、医药

企业的研究与开发活动等，注册会计师应当考虑对重大的和不经常发生的交易的会计处理方法是否适当。

（三）在新领域和缺乏权威性标准的领域，采用重要会计政策产生的影响

在新领域和缺乏权威性标准或共识的领域，注册会计师应当关注被审计单位选用了哪些会计政策，为什么选用这些会计政策以及选用这些会计政策产生的影响。

（四）会计政策的变更

如果被审计单位变更了重要的会计政策，注册会计师应当考虑变更的原因及其适当性，即考虑：(1)会计政策的变更是否是法律、行政法规或者适用的会计准则和相关会计制度要求的变更；(2)会计政策变更是否能够提供更可靠、更相关的会计信息。除此之外，注册会计师还应当关注会计政策的变更是否得到充分披露。

（五）被审计单位何时采用以及如何采用新颁布的会计准则和相关会计制度

注册会计师应考虑被审计的上市公司是否已按照新会计准则的要求，做好衔接调整工作，并收集执行新会计准则需要的信息资料。

除上述与会计政策的选择和运用相关的事项外，注册会计师还应对被审计单位下列与会计政策运用相关的情况予以关注：(1)是否采用激进的会计政策、方法、估计和判断；(2)财会人员是否拥有足够的运用会计准则的知识、经验和能力；(3)是否拥有足够的资源支持会计政策的运用，如人力资源及培训、信息技术的采用、数据和信息的采集等。

注册会计师应当考虑，被审计单位是否按照适用的会计准则和相关会计制度的规定恰当地进行了列报，并披露了重要事项。列报和披露的主要内容包括财务报表及其附注的格式、结构安排、内容、财务报表项目使用的术语、披露信息的明细程度、项目在财务报表中的分类以及列报信息的来源等。注册会计师应当考虑被审计单位是否已对特定事项做了适当的列报和披露。

五、被审计单位的目标、战略以及相关经营风险

(一)目标、战略与经营风险

目标是企业经营活动的指针。企业管理层或治理层一般会根据企业经营面临的外部环境和内部各种因素,制定合理可行的经营目标。战略是企业管理层为实现经营目标采用的总体层面的策略和方法。为了实现某一既定的经营目标,企业可能有多个可行战略。例如,如果目标是在某一特定期间内进入一个新的市场,那么可行的战略可能包括收购该市场内的现有企业、与该市场内的其他企业合资经营、或自行开发进入该市场。随着外部环境的变化,企业应对目标和战略做出相应的调整。

经营风险源于对被审计单位实现目标和战略产生不利影响的重大情况、事项、环境和行动,或源于不恰当的目标和战略。不同的企业可能面临不同的经营风险,这取决于企业经营的性质、所处行业、外部监管环境、企业的规模和复杂程度。管理层有责任识别和应对这些风险。

不能随环境的变化而做出相应的调整固然可能产生经营风险。但是,在调整的过程中也可能导致经营风险。例如,为应对消费者需求的变化,企业开发了新产品。但是,开发的新产品可能会产生开发失败的风险;即使开发成功,市场需求可能没有充分开发,而导致产品营销风险;产品的缺陷还可能导致企业遭受声誉风险和承担产品赔偿责任的风险。

注册会计师应当了解被审计单位是否存在与下列方面有关的目标和战略,并考虑相应的经营风险:(1)行业发展,及其可能导致的被审计单位不具备足以应对行业变化的人力资源和业务专长等风险;(2)开发新产品或提供新服务,及其可能导致的被审计单位产品责任增加等风险;(3)业务扩张,及其可能导致的被审计单位对市场需求的估计不准确等风险;(4)新颁布的会计法规,及其可能导致的被审计单位执行法规财务审计不当或不完整,或会计处理成本增加等风险;(5)监管要求,及其可能导致的被审计单位法律责任增加等风险;(6)本期及未来的融资条件,及其可能导致的被审计单位由于无法满足融资条件而失去融资机会等风险;(7)信息技术的运用,及其可能导致的被审计单位信息系统与业务流程难以融合等风险。

(二)经营风险对重大错报风险的影响

经营风险与财务报表重大错报风险是既有联系又相互区别的两个概念。前者比后者范围更广。注册会计师了解被审计单位的经营风险有助于其识别财务报表重大错报风险。但并非所有的经营风险都与财务报表相关,注册会计师没有责任识别或评估对财务报表没有影响的经营风险。

多数经营风险最终都会产生财务后果,从而影响财务报表。但并非所有经营风险都会导致重大错报风险。经营风险可能对各类交易、账户余额以及列报认定层次或财务报表层次产生直接影响。例如,企业合并导致银行客户群减少,使银行信贷风险集中,由此产生的经营风险可能增加与贷款计价认定有关的重大错报风险。同样的风险,尤其是在经济紧缩时,可能具有更为长期的后果,注册会计师在评估持续经营假设的适当性时需要考虑这一问题。为此,注册会计师应当根据被审计单位的具体情况考虑经营风险是否可能导致财务报表发生重大错报。

目标、战略、经营风险和重大错报风险之间的相互联系可举一例予以说明。例如,企业当前的目标是在某一特定期间内进入某一新的海外市场,企业选择的战略是在当地成立合资公司。从该战略本身来看,是可以实现这一目标的。但是,成立合资公司可能会带来很多的经营风险,例如,企业如何与当地合资方在经营活动、企业文化等各方面协调,如何在合资公司中获得控制权或共同控制权,当地市场情况是否会发生变化,当地对合资公司的税收和外汇管理方面的政策是否稳定,合资公司的利润是否可以汇回,是否存在汇率风险等。这些经营风险反映到财务报表中,可能会因对合资公司是属于子公司、合营企业或联营企业的判断问题,投资核算问题,包括是否存在减值问题、对当地税收规定的理解,以及外币折算等问题而导致财务报表出现重大错报风险。

(三)被审计单位的风险评估过程

管理层通常制定识别和应对经营风险的策略,注册会计师应当了解被审计单位的风险评估过程。此类风险评估过程是被审计单位内部控制的组成部分。

(四)对小型被审计单位的考虑

小型被审计单位通常没有正式的计划和程序来确定其目标、战略并管理经营风险。注册会计师应当询问管理层或观察小型被审计单位如何应对这些事项，以获取了解，并评估重大错报风险。

六、被审计单位财务业绩的衡量和评价

被审计单位管理层经常会衡量和评价关键业绩指标（包括财务和非财务的）、预算及差异分析、分部信息和分支机构、部门或其他层次的业绩报告以及与竞争对手的业绩比较。此外，外部机构也会衡量和评价被审计单位的财务业绩，如分析师的报告和信用评级机构的报告。

（一）了解的主要方面

在了解被审计单位财务业绩衡量和评价情况时，注册会计师应当关注下列信息：(1)关键业绩指标；(2)业绩趋势；(3)预测、预算和差异分析；(4)管理层和员工业绩考核与激励性报酬政策；(5)分部信息与不同层次部门的业绩报告；(6)与竞争对手的业绩比较；(7)外部机构提出的报告。

（二）关注内部财务业绩衡量的结果

内部财务业绩衡量可能显示未预期到的结果或趋势。在这种情况下，管理层通常会进行调查并采取纠正措施。与内部财务业绩衡量相关的信息可能显示财务报表存在错报风险，例如，内部财务业绩衡量可能显示被审计单位与同行业其他单位相比具有异常快的增长率或盈利水平，此类信息如果与业绩奖金或激励性报酬等其他因素结合起来考虑，可能显示管理层在编制财务报表时存在某种倾向的错报风险。因此，注册会计师应当关注被审计单位内部财务业绩衡量所显示的未预期到的结果或趋势、管理层的调查结果和纠正措施，以及相关信息是否显示财务报表可能存在重大错报。

（三）考虑财务业绩衡量指标的可靠性

如果拟利用被审计单位内部信息系统生成的财务业绩衡量指标，注册会计师应当考虑相关信息是否可靠，以及利用这些信息是否足以实现审计目标。许多财务业绩衡量中使用的信息可能由被审计单位的信息系统生成。如果被审计单位管理层在没有合理基础的情况下，认为内部生成的衡量财务业绩的信息是准确

的，而实际上信息有误，那么根据有误的信息得出的结论也可能是错误的。如果注册会计师计划在审计中（如在实施分析程序时）利用财务业绩指标，应当考虑相关信息是否可靠，以及在实施审计程序时利用这些信息是否足以发现重大错报。

（四）对小型被审计单位的考虑

小型被审计单位通常没有正式的财务业绩衡量和评价程序，管理层往往依据某些关键指标，作为评价财务业绩和采取适当行动的基础，注册会计师应当了解管理层使用的关键指标。

需要强调的是，注册会计师了解被审计单位财务业绩的衡量与评价，是为了考虑管理层是否面临实现某些关键财务业绩指标的压力。这些压力既可能源于需要达到市场分析师或股东的预期，也可能产生于达到获得股票期权或管理层和员工奖金的目标。受压力影响的人员可能是高级管理人员（包括董事会），也可能是可以操纵财务报表的其他经理人员，如子公司或分支机构管理层可能为达到奖金目标操纵财务报表。

在评价管理层是否存在歪曲财务报表的动机和压力时，注册会计师还应当考虑可能存在的其他情形。例如，企业或企业的一个主要组成部分是否有可能被出售；管理层是否希望维持或增加企业的股价或盈利走势而热衷于采用过度激进的会计方法；基于纳税的考虑，股东或管理层是否有意采取不适当的方法使盈利最小化；企业是否持续增长和接近财务资源的最大限度；企业的业绩是否急剧下降，可能存在终止上市的风险；企业是否具备足够的可分配利润或现金流量以维持目前的利润分配水平；如果公布欠佳的财务业绩，对重大未决交易（如企业合并或新业务合同的签订）是否可能产生不利影响；企业是否过度依赖银行借款，而财务业绩又可能达不到借款合同对财务指标的要求。这些情况都显示管理层在面临重大压力下时可能粉饰财务业绩，发生舞弊风险。

第三节　了解被审计单位的内部控制

一、内部控制的含义和要素

内部控制是被审计单位为了合理保证财务报告的可靠性、经营的效率和效果以及对法律法规的遵守，由治理层、管理层和其他人员设计与执行的政策及程序。

可以从以下几方面理解内部控制。

第一，内部控制的目标是合理保证：(1)财务报告的可靠性，这一目标与管理层履行财务报告编制责任密切相关；(2)经营的效率和效果，即经济有效地使用企业资源，以最优方式实现企业的目标；(3)在所有经营活动中遵守法律法规的要求，即在法律法规的框架下从事经营活动。

第二，设计和实施内部控制的责任主体是治理层、管理层和其他人员，组织中的每一个人都对内部控制负有责任。

第三，实现内部控制目标的手段是设计和执行控制政策和程序。内部控制包括下列要素：(1)控制环境；(2)风险评估过程；(3)信息系统与沟通；(4)控制活动；(5)对控制的监督。内部控制包括上述的五项要素，控制包括上述的一项或多项要素，或要素表现出的各个方面。

(一)控制环境

控制环境包括治理职能和管理职能，以及治理层和管理层对内部控制及其重要性的态度、认识和措施。控制环境设定了被审计单位的内部控制基调，影响员工对内部控制的认识和态度。良好的控制环境是实施有效内部控制的基础，具体来说，控制环境包括以下内容。

1.对诚信和道德价值观念的沟通与落实

诚信和道德价值观念是控制环境的重要组成部分，影响到重要业务流程的设计和运行。对诚信和道德价值观念的沟通与落实既包括管理层如何处理不诚实、非法或不道德行为，也包括在被审计单位内部，通过行为规范以及高层管理人员的身体力行，对诚信和道德价值观念的营造和保持。

2.对胜任能力的重视

胜任能力是指具备完成某一职位的工作所应有的知识和能力。注册会计师应当考虑主要管理人员和其他相关人员是否能够胜任承担的工作和职责，例如，财会人员是否对编报财务报表所适用的会计准则和相关会计制度有足够的了解并能正确运用。

3. 治理层的参与程度

被审计单位的控制环境在很大程度上受治理层的影响。治理层的职责应在被审计单位的章程和政策中予以规定。治理层(董事会)通常通过其自身的活动，并在审计委员会或类似机构的支持下，监督被审计单位的财务报告政策和程序。

4. 管理层的理念和经营风格

管理层负责企业的运作以及经营策略和程序的制定、执行与监督。控制环境的每个方面在很大程度上都受管理层采取的措施和做出决策的影响，或在某些情况下受管理层不采取某些措施或不做出某种决策的影响。此外，了解管理层的经营风格也很有必要，管理层的经营风格可以表明管理层所能接受的业务风险的性质。

5. 组织结构及职权与责任的分配

被审计单位的组织结构为计划、运作、控制及监督经营活动提供了一个整体框架。通过集权或分权决策，可在不同部门间进行适当的职责划分、建立适当层次的报告体系。组织结构将影响权利、责任和工作任务在组织成员中的分配。被审计单位的组织结构将在一定程度上取决于被审计单位的规模和经营活动的性质。

6. 人力资源政策与实务

政策与程序(包括内部控制)的有效性，通常取决于执行人。因此，被审计单位员工的能力与诚信是控制环境中不可缺少的因素。

控制环境本身并不能防止或发现并纠正各类交易、账户余额、列报认定层次的重大错报，注册会计师在评估重大错报风险时，应当将控制环境连同其他内部控制要素产生的影响一并考虑。例如，将控制环境与对控制的监督和具体控制活动一并考虑。

在小型被审计单位，可能无法获取以文件形式存在的有关控制环境要素的审计证据。例如，小型被审计单位可能没有书面的行为守则，管理层对道德价值和专业胜任能力的推崇，通常是通过管理层在经营管理过程中展示的行为和态度得到体现。因此，注册会计师应当重点了解管理层对内部控制设计的态度、认识和措施。

(二)风险评估

任何经济组织在经营活动中都会面临各种各样的风险,风险对其生存和竞争能力产生影响。很多风险并不为经济组织所控制,但管理层应当确定可以承受的风险水平,识别这些风险并采取一定的应对措施。

可能产生风险的事项和情形包括:(1)监管及经营环境的变化。监管和经营环境的变化会导致竞争压力的变化以及重大的相关风险;(2)新员工的加入。新员工可能对内部控制有不同的认识和关注点;(3)新信息系统的使用或对原系统进行升级。信息系统的重大变化会改变与内部控制相关的风险;(4)业务快速发展。快速的业务扩张可能会使内部控制难以应对,从而增加内部控制失效的可能性;(5)新技术。将新技术运用于生产过程和信息系统可能改变与内部控制相关的风险;(6)新生产型号、产品和业务活动。进入新的业务领域和发生新的交易可能带来新的与内部控制相关的风险;(7)企业重组。重组可能带来裁员以及管理职责的重新划分,将影响与内部控制相关的风险;(8)发展海外经营。海外扩张或收购会带来新的并且往往是特别的风险,进而可能影响内部控制,如外币交易的风险;(9)新的会计准则。采用新的或变化了的会计准则可能会增大财务报告发生重大错报的风险。

(三)信息系统与沟通

与财务报告相关的信息系统,包括用以生成、记录、处理和报告交易、事项和情况,对相关资产、负债和所有者权益履行经营管理责任的程序和记录。与财务报告相关的信息系统通常包括下列职能:(1)识别与记录所有的有效交易;(2)及时、详细地描述交易,以便在财务报告中对交易做出恰当分类;(3)恰当计量交易,以便在财务报告中对交易的金额做出准确记录;(4)恰当确定交易生成的会计期间;(5)在财务报表中恰当列报交易。

(四)控制活动

控制活动是指有助于确保管理层的指令得以执行的政策和程序。包括与授权、业绩评价、信息处理、实物控制和职责分离等相关的活动。

1.授权

注册会计师应当了解与授权有关的控制活动，包括一般授权和特别授权。

2.业绩评价

注册会计师应当了解与业绩评价有关的控制活动，主要包括被审计单位分析评价实际业绩与预算（或预测、前期业绩）的差异，综合分析财务数据与经营数据的内在关系，将内部数据与外部信息来源相比较，评价职能部门、分支机构或项目活动的业绩（如银行客户信贷经理复核各分行、地区和各种贷款类型的审批和收回），以及对发现的异常差异或关系采取必要的调查与纠正措施。

3.信息处理

注册会计师应当了解与信息处理有关的控制活动，包括信息技术的一般控制和应用控制。

信息技术一般控制是指与多个应用系统有关的政策和程序，有助于保证信息系统持续恰当地运行（包括信息的完整性和数据的安全性），支持应用控制作用的有效发挥，通常包括数据中心和网络运行控制，系统软件的购置、修改及维护控制，接触或访问权限控制，应用系统的购置、开发及维护控制。例如，程序改变的控制、限制接触程序和数据的控制、与新版应用软件包实施有关的控制等都属于信息系统一般控制。

信息技术应用控制是指主要在业务流程层次运行的人工或自动化程序，与用于生成、记录、处理、报告交易或其他财务数据的程序相关，通常包括检查数据计算的准确性，审核账户和试算平衡表，设置对输入数据和数字序号的自动检查，以及对例外报告进行人工干预。

4.实物控制

注册会计师应当了解实物控制，主要包括了解对资产和记录采取适当的安全保护措施，对访问计算机程序和数据文件设置授权，以及定期盘点并将盘点记录与会计记录相核对。例如，现金、有价证券和存货的定期盘点控制。实物控制的效果影响资产的安全，从而对财务报表的可靠性及审计产生影响。

5. 职责分离

注册会计师应当了解职责分离，主要包括了解被审计单位如何将交易授权、交易记录以及资产保管等职责分配给不同员工，以防范同一员工在履行多项职责时可能发生的舞弊或错误。当信息技术运用于信息系统时，职责分离可以通过设置安全控制来实现。

(五)对控制的监督

管理层的重要职责之一就是建立和维护控制并保证其持续有效运行，对控制的监督可以实现这一目标。监督是由适当的人员，在适当、及时的基础上，评估控制的设计和运行情况的过程。

二、与审计相关的控制

内部控制的目标旨在合理保证财务报告的可靠性、经营的效率和效果以及对法律法规的遵守。注册会计师审计的目标是对财务报表是否不存在重大错报发表审计意见，尽管要求注册会计师在财务报表审计中考虑与财务报表编制相关的内部控制，但目的并非对被审计单位内部控制的有效性发表意见。注册会计师需要了解和评价的内部控制只是与财务报表审计相关的内部控制，并非被审计单位所有的内部控制。

(一)为实现财务报告可靠性目标设计和实施的控制

与审计相关的控制，包括被审计单位为实现财务报告可靠性目标设计和实施的控制。注册会计师应当运用职业判断，考虑一项控制单独或连同其他控制是否与评估重大错报风险以及针对评估的风险设计和实施进一步审计程序有关。

在运用职业判断时，注册会计师应当考虑下列因素：(1)注册会计师确定的重要性水平；(2)被审计单位的性质，包括组织结构和所有制性质；(3)被审计单位的规模；(4)被审计单位经营的多样性和复杂性；(5)法律法规和监管要求；(6)作为内部控制组成部分的系统(包括利用服务机构)的性质和复杂性。

(二)其他与审计相关的控制

如果在设计和实施进一步审计程序时拟利用被审计单位内部生成的信息,注册会计师应当考虑用以保证该信息完整性和准确性的控制可能与审计相关。注册会计师以前的经验以及在了解被审计单位及其环境过程中获得的信息,可以帮助注册会计师识别与审计相关的控制。

如果用以保证经营效率、效果的控制以及对法律法规遵守的控制与实施审计程序时评价或使用的数据相关,注册会计师应当考虑这些控制可能与审计相关。例如,对于某些非财务数据(如生产统计数据)的控制,如果注册会计师在实施分析程序时使用这些数据,这些控制就可能与审计相关。又如,某些法规(如税法)对财务报表存在直接和重大的影响(影响应交税金和所得税费用)。为了遵守这些法规,被审计单位可能设计和执行相应的控制,这些控制也与注册会计师的审计相关。

被审计单位通常有一些与审计无关的控制,注册会计师无需对其加以考虑。例如,被审计单位可能依靠某一复杂的自动控制系统提高经营活动的效率和效果(如航空公司用于维护航班时间表的自动控制系统),但这些控制通常与审计无关。

用以保护资产的内部控制可能包括与实现财务报告可靠性和经营效率、效果目标相关的控制。注册会计师在了解保护资产的内部控制各项要素时,可仅考虑其中与财务报告可靠性目标相关的控制。例如,保护存货安全的控制可能与审计相关,但在生产中防止材料浪费的控制通常就与审计不相关,只有所用材料的成本没有在财务报表中如实反映,才会影响财务报表的可靠性。

三、内部控制的局限性

(一)内部控制的固有局限性

内部控制存在固有局限性,无论如何设计和执行,只能对财务报告的可靠性提供合理的保证。内部控制存在的固有局限性包括以下几方面。

1.在决策时人为判断可能出现错误和由于人为失误而导致内部控制失效

例如,被审计单位信息技术工作人员没有完全理解系统如何处理销售交易,为使系统能够处理新型产品的销售，可能错误地对系统进行更改；或者对系统的更改是正确的，但是程序员没能把此次更改转化为正确的程序代码。

2. 由于两个或更多的人进行串通或管理层凌驾于内部控制之上而被规避

例如，管理层可能与客户签订背后协议，对标准的销售合同做出变动，从而导致收入确认发生错误。再如，软件中的编辑控制旨在发现和报告超过赊销信用额度的交易，但这一控制可能被逾越或规避。

此外，如果被审计单位内部行使控制职能的人员素质不适应岗位要求，也会影响内部控制功能的正常发挥。被审计单位实施内部控制的成本效益问题也会影响其职能，当实施某项控制成本大于控制效果而发生损失时，就没有必要设置控制环节或控制措施。内部控制一般都是针对经常而重复发生的业务而设置的，如果出现不经常发生或未预计到的业务，原有控制就可能不适用。

(二)对小型被审计单位的考虑

小型被审计单位拥有的员工通常较少，限制了其职责分离的程度。业主凌驾于内部控制之上的可能性较大。注册会计师应当考虑一些关键领域是否存在有效的内部控制。

四、内部控制制度的描述

为了评价被审计单位的内部控制，必须对其内部控制进行了解和描述。了解和掌握被审计单位的内部控制的详细情况，主要是了解和掌握被审计单位的销售与收款循环、购货与付款循环、筹资与投资循环的内部控制情况。在了解和掌握了上述内部控制的详细情况以后，用适当的方法将内部控制描述出来，供制订和修改审计计划和程序之用，供日后查考之用。内部控制描述的方法通常有以下三种。文字说明法、调查表法和流程图法。

(一)文字说明法

优点是比较灵活，能够对调查对象做出比较深入和具体的描述，不受任何限制。缺点是文字表述过显冗赘，不便于抓住重点，不便于清楚地表达复杂业务的内部控制。

(二)调查表法

优点:简便易行,省时省力,可操作性强;利于指导初级审计人员;能对调查对象提供一个简括的说明。缺点:缺乏弹性;不适用于一些特殊的情况;容易把各业务的内部控制孤立看待。此外,调查人员机械地照表提问,往往会使被调查人员漫不经心,易流于形式,失去调查表的意义。

(三)流程图法

优点:能从整体的角度,以简明的形式描述内部控制的实际情况,便于较快地检查出内部控制逻辑上的薄弱环节,也便于评审、便于修改。缺点:编制流程图需要具备较为娴熟的技术和较为丰富的工作经验,费时费力;而且,流程图法不能将内部控制中的控制弱点明显地标示出来,故评价时,往往需要与调查表法相结合。

描述内部控制的三种方法并不相互排斥,而是相互依赖和相互补充的。在描述某一单位的内部控制时,可对不同业务环节使用不同的方法,也可同时结合使用两种或者三种方法,三者结合使用,往往比采用一种方法效果更好。

五、评审内部控制系统的风险水平

所谓内部控制系统的风险水平,是指由于内部控制可信程度的不确定性,审计人员由此决定的审计程序、进行的审计事项和做出的审计结论,偏离被审计单位客观事实的可能性。对内部控制风险水平评价通常可以分为高、中、低三个等级,分别代表内部控制未能防止或查出会计报表中包含的错误,而导致审计结论偏离客观事实的可能性大于40%,在10%到40%之间,低于10%。与内部控制风险水平高低相对的是内部控制的可信赖程度。一般来说,风险水平越高,可信赖程度越低;风险水平越低,可信赖程度越高。反之,可信赖程度越高,必然是风险水平越低;可信赖程度越低,必然是风险水平越高。

对内部控制最终的评价结果,根据可信赖程度的高低,可以分为以下三种类型。

(一)高信赖程度

高信赖程度是指被审计单位具有健全、科学的内部控制系统,并且均能有效地发挥作用。因此,被审计单位的业务循环过程和会计记录发生错误的可能性很小。审计人员可以较多的信赖、利用被审计单位的内部控制，在实施审计时可相应减少实质性测试的数量和范围。

(二)中信赖程度

中信赖程度是指被审计单位的内部控制系统良好，但不很健全、科学，存在着一定的缺陷或薄弱环节，或内部控制系统较健全、科学，但实际执行不力，在某种程度上有可能影响会计记录的真实性和可靠性。审计人员应减少信赖、利用内部控制，扩大实质性测试的深度和广度，或是增加会计报表项目的真实性、可靠性审查的样本数量。

(三)低信赖程度

低信赖程度是指被审计单位的内部控制系统设计不健全、不科学，在实施过程中没有执行，造成大部分经济业务和会计记录失控、各项数据资料经常出差错，从而导致无法信赖被审计单位的内部控制。在这种情况下，审计人员应大幅度修改审计程序，扩大对业务循环过程和会计报表项目实施真实性和合法性审查的样本数量和范围，以获取足够的、有充分证明力的审计证据，支持其提出的审计意见和做出的审计结论。当被审计单位内部控制的可信赖程度很低的时候，审计人员和审计组织可以考虑取消审计约定书，拒绝接受被审计单位的审计业务委托。

第四节　针对评估的重大错报风险实施的审计程序

审计人员在了解被审计单位的内部控制制度并初步评价控制风险之后，应当针对评估的会计报表层次的重大错报风险确定总体应对措施，并针对评估的认定层次认定的重大错报风险设计和实施控制测试和实质性程序，以将审计风险降至可接受的低水平。

一、控制测试

(一)控制测试的含义

控制测试指的是测试控制运行的有效性，这一概念需要与“了解内部控制”进行区分。“了解内部控制”包含两层含义：一是评价控制的设计；二是确定控制是否得到执行。测试控制运行的有效性与确定控制是否得到执行所需获取的审计证据是不同的。

在实施风险评估程序以获取控制是否得到执行的审计证据时，注册会计师应当确定某项控制是否存在，被审计单位是否正在使用。

(二)控制测试的要求

作为进一步审计程序的类型之一，控制测试并非在任何情况下都需要实施。当存在下列情形之一时，注册会计师应当实施控制测试：(1)在评估认定层次重大错报风险时，预期控制的运行是有效的；(2)仅实施实质性程序不足以提供认定层次充分、适当的审计证据。

如果在评估认定层次重大错报风险时预期控制的运行是有效的，注册会计师应当实施控制测试，就控制在相关期间或时点的运行有效性获取充分、适当的审计证据。

注册会计师通过实施风险评估程序，可能发现某项控制的设计是存在的，也是合理的，同时得到了执行。在这种情况下，出于成本效益的考虑，注册会计师可能预期，如果相关控制在不同时点都得到了一贯执行，与该项控制有关的财务报表认定发生重大错报的可能性就不会很大，也就不需要实施很多的实质性程序。为此，注册会计师可能会认为值得对相关控制在不同时点是否得到了一贯执行进行测试，即实施控制测试。这种测试主要是出于成本效益的考虑，其前提是注册会计师通过了解内部控制以后认为某项控制存在着被信赖和利用的可能。因此，只有认为控制设计合理、能够防止或发现和纠正认定层次的重大错报，注册会计师才有必要对控制运行的有效性实施测试。

如果认为仅实施实质性程序获取的审计证据无法将认定层次重大错报风险降至可接受的低水平，注册会计师应当实施相关的控制测试，以获取控制运行有效性的审计证据。

有时，对有些重大错报风险，注册会计师仅通过实质性程序无法予以应对。例如，在被审计单位对日常交易或与财务报表相关的其他数据(包括信息的生成、记录、处理、报告)采用高度自动化处理的情况下，审计证据可能仅以电子形式存在，此时审计证据是否充分和适当通常取决于自动化信息系统相关控制的有效性。如果信息的生成、记录、处理和报告均通过电子格式进行而没有适当有效的控制，则生成不正确信息或信息被不恰当修改的可能性就会大大增加。在认为仅通过实施实质性程序不能获取充分、适当的审计证据的情况下，注册会计师必须实施控制测试，且这种测试已经不再是单纯出于成本效益的考虑，而是必须获取的一类审计证据。

此外需要说明的是，被审计单位在所审计期间内可能由于技术更新或组织管理变更而更换了信息系统，从而导致在不同时期使用了不同的控制。如果被审计单位在所审计期间内的不同时期使用了不同的控制，注册会计师应当考虑不同时期控制运行的有效性。

(三)控制测试的程序

虽然控制测试与了解内部控制的目的不同，但两者采用审计程序的类型通常相同，包括询问、观察、检查、重新执行和穿行测试。此外，控制测试的程序还包括重新执行。

1.询问

注册会计师可以向被审计单位适当员工询问，获取与内部控制运行情况相关的信息。例如，询问信息系统管理人员有无未经授权接触计算机硬件和软件，向负责复核银行存款余额调节表的人员询问如何进行复核，包括复核的要点是什么、发现不符事项如何处理等。然而，仅仅通过询问不能为控制运行的有效性提供充分的证据，注册会计师通常需要印证被询问者的答复，如向其他人员询问和检查执行控制时所使用的报告、手册或其他文件等。因此，虽然询问是一种有用的手段，它必须和其他测试手段结合使用才能发挥作用。在询问过程中，注册会计师应当保持职业怀疑态度。

2.观察

观察是测试不留下书面记录的控制(如职责分离)的运行情况的有效方法。例如，观察存货盘点控制的执行情况。观察也可运用于实物控制，如查看仓库门是否锁好，或空白支票是否妥善保管。通常情况下，注册会计师通过观察直接获取的证据比间接获取的证据更可靠。但是，注册会计师还要考虑其所观察到的控制在注册会计师不在场时可能未被执行的情况。

3. 检查

对运行情况留有书面证据的控制，检查非常适用。书面说明、复核时留下的记号，或其他记录在偏差报告中的标志都可以被当作控制运行情况的证据。例如，检查销售发票是否有复核人员签字，检查销售发票是否附有客户订购单和出库单等。

4. 重新执行

通常只有当询问、观察和检查程序结合在一起仍无法获得充分的证据时，注册会计师才考虑通过重新执行来证实控制是否有效运行。例如，为了合理保证计价认定的准确性，被审计单位的一项控制是由复核人员核对销售发票上的价格与统一价格单上的价格是否一致。但是，要检查复核人员有没有认真执行核对，仅仅检查复核人员是否在相关文件上签字是不够的，注册会计师还需要自己选取一部分销售发票进行核对，这就是重新执行程序。但是，如果需要进行大量的重新执行，注册会计师就要考虑通过实施控制测试以缩小实质性程序的范围是否有效率。

5. 穿行测试

除了上述四类控制测试常用的审计程序以外，实施穿行测试也是一种重要的审计程序。值得注意的是，穿行测试不是单独的一种程序，而是将多种程序按特定审计需要进行结合运用的方法。穿行测试是通过追踪交易在财务报告信息系统中的处理过程，来证实注册会计师对控制的了解、评价控制设计的有效性以及确定控制是否得到执行。可见，穿行测试更多地在了解内部控制时运用。但在执行穿行测试时，注册会计师可能获取部分控制运行有效性的审计证据。

询问本身并不足以测试控制运行的有效性，注册会计师应将询问与其他审计程序结合使用，以获取有关控制运行有效性的审计证据。观察提供的证据仅限于观察发生的时点，本身也不足以测试控制运行的有效性；将询问与检查或重新执行结合使用，通常能够比仅实施询问和观察获取更高的保证。例如，被审计单位针对处理收到的邮政汇款单设计和执行了相关的内部控制，注册会计师通过询问和观察程序往往不足以测试此类控制的运行有效性，还需要检查能够证明此类控制在所审计期间的其他时段有效运行的文件和凭证，以获取充分、适当的审计证据。

(四)控制测试的时间

控制测试的时间包含两层含义：一是何时实施控制测试；二是测试所针对的控制适用的时点或期间。一个基本的原理是，如果测试特定时点的控制，注册会计师仅得到该时点控制运行有效性的审计证据；如果测试某一期间的控制，注册会计师可获取控制在该期间有效运行的审计证据。因此，注册会计师应当根据控制测试的目的确定控制测试的时间，并确定拟信赖的相关控制的时点或期间。

关于根据控制测试的目的确定控制测试的时间。如果仅需要测试控制在特定时点的运行有效性(如对被审计单位期末存货盘点进行控制测试)，注册会计师只需要获取该时点的审计证据。如果需要获取控制在某一期间有效运行的审计证据，仅获取与时点相关的审计证据是不充分的，注册会计师应当辅以其他控制测试，包括测试被审计单位对控制的监督。换言之，关于控制在多个不同时点的运行有效性的审计证据的简单累加并不能构成控制在某期间的运行有效性的充分、适当的审计证据；而所谓的“其他控制测试”应当具备的功能是，能提供相关控制在所有相关时点都运行有效的审计证据；被审计单位对控制的监督起到的就是一种检验相关控制在所有相关时点是否都有效运行的作用，因此注册会计师测试这类活动能够强化控制在某期间运行有效性的审计证据效力。

(五)控制测试的范围

对于控制测试的范围，其含义主要是指某项控制活动的测试次数。注册会计师应当设计控制测试，以获取控制在整个拟信赖的期间有效运行的充分、适当的审计证据。

注册会计师在确定某项控制的测试范围时通常考虑的一系列因素。

第一，在整个拟信赖的期间，被审计单位执行控制的频率。控制执行的频率越高、控制测试的范围越大。

第二，在所审计期间，注册会计师拟信赖控制运行有效性的时间长度。拟信赖控制运行有效性的时间长度不同，在该时间长度内发生的控制活动次数也不同。注册会计师需要根据拟信赖控制的时间长度确定控制测试的范围。拟信赖期间越长，控制测试的范围越大。

第三，为证实控制能够防止或发现并纠正认定层次重大错报，所需获取审计证据的相关性和可靠性。对审计证据的相关性和可靠性要求越高，控制测试的范围越大。

第四，通过测试与认定相关的其他控制获取的审计证据的范围。针对同一认定，可能存在不同的控制。当针对其他控制获取审计证据的充分性和适当性较高时，测试该控制的范围可适当缩小。

第五，在风险评估时拟信赖控制运行有效性的程度。注册会计师在风险评估时对控制运行有效性的拟信赖程度越高，需要实施控制测试的范围越大。

第六，控制的预期偏差。预期偏差可以用控制未得到执行的预期次数占控制应当得到执行次数的比率加以衡量(也可称作预期偏差率)。考虑该因素，是因为在考虑测试结果是否可以得出控制运行有效性的结论时，不可能只要出现任何控制执行偏差就认定控制运行无效，所以需要确定一个合理水平的预期偏差率。控制的预期偏差率越高，需要实施控制测试的范围越大。如果控制的预期偏差率过高，注册会计师应当考虑控制可能不足以将认定层次的重大错报风险降至可接受的低水平，从而针对某一认定实施的控制测试可能是无效的。

二、实质性程序

(一)实质性程序的含义

实质性程序是指注册会计师针对评估的重大错报风险实施的直接用以发现认定层次重大错报的审计程序。因此，注册会计师应当针对评估的重大错报风险设计和实施实质性程序，以发现认定层次的重大错报。实质性程序包括对各类交易、账户余额、列报的细节测试以及实质性分析程序。

注册会计师实施的实质性程序应当包括下列与财务报表编制完成阶段相关的审计程序：(1)将财务报表与其所依据的会计记录相核对；(2)检查财务报表编制过程中做出的重大会计分录和其他会计调整。注册会计师对会计分录和其他会计调整检查的性质和范围，取决于被审计单位财务报告过程的性质和复杂程度以及由此产生的重大错报风险。

由于注册会计师对重大错报风险的评估是一种判断，可能无法充分识别所有的重大错报风险，并且由于内部控制存在固有局限性，无论评估的重大错报风险结果如何，注册会计师都应当针对所有重大的各类交易、账户余额、列报实施实质性程序。

（二）实质性程序的性质

注册会计师应当针对评估的风险设计细节测试，获取充分、适当的审计证据，以达到认定层次所计划的保证水平。该规定的含义是，注册会计师需要根据不同的认定层次的重大错报风险设计有针对性的细节测试。例如，在针对存在或发生认定设计细节测试时，注册会计师应当选择包含在财务报表金额中的项目，并获取相关审计证据；又如，在针对完整性认定设计细节测试时，注册会计师应当选择有证据表明应包含在财务报表

金额中的项目，并调查这些项目是否确实包括在内。如为应对被审计单位漏记本期应付账款的风险，注册会计师可以检查期后付款记录。

注册会计师在设计实质性分析程序时应当考虑的因素包括：(1)对特定认定使用实质性分析程序的适当性；(2)对已记录的金额或比率做出预期时，所依据的内部或外部数据的可靠性；(3)做出预期的准确程度是否足以在计划的保证水平上识别重大错报；(4)已记录金额与预期值之间可接受的差异额。考虑到数据及分析的可靠性，当实施实质性分析程序时，如果使用被审计单位编制的信息，注册会计师应当考虑测试与信息编制相关的控制，以及这些信息是否在本期或前期经过审计。

（三）实质性程序的时间

实质性程序的时间选择与控制测试的时间选择有共同点，也有很大差异。共同点在于，两类程序都面临着对期中审计证据和对以前审计获取的审计证据的考虑。两者的差异在于：(1)在控制测试中，期中实施控制测试并获取期中关于控制运行有效性审计证据的做法更具有一种“常态”；而由于实质性程序的目的在于更直接地发现重大错报，在期中实施实质性程序时更需要考虑其成本效益的权衡；(2)在本期控制测试中拟信赖以前审计获取的有关控制运行有效性的审计证据，已经受到了很大的限制；而对于以前审计中通过实质性程序获取的审计证据，应采取更加慎重的态度和更严格的限制。

(四)实质性程序的范围

评估的认定层次重大错报风险和实施控制测试的结果是注册会计师在确定实质性程序的范围时的重要考虑因素。因此,在确定实质性程序的范围时,注册会计师应当考虑评估的认定层次重大错报风险和实施控制测试的结果。注册会计师评估的认定层次的重大错报风险越高,需要实施实质性程序的范围越广。如果对控制测试结果不满意,注册会计师应当考虑扩大实质性程序的范围。

在设计细节测试时,注册会计师除了从样本量的角度考虑测试范围外,还要考虑选样方法的有效性等因素。例如,从总体中选取大额或异常项目,而不是进行代表性抽样或分层抽样。

实质性分析程序的范围有两层含义。第一层含义是对什么层次上的数据进行分析,注册会计师可以选择在高度汇总的财务数据层次进行分析,也可以根据重大错报风险的性质和水平调整分析层次。例如,按照不同产品线、不同季节或月份、不同经营地点或存货存放地点等实施实质性分析程序。第二层含义是需要对什么幅度或性质的偏差展开进一步调查。实施分析程序可能发现偏差,但并非所有的偏差都值得展开进一步调查。可容忍或可接受的偏差(即预期偏差)越大,作为实质性分析程序一部分的进一步调查的范围就越小。于是确定适当的预期偏差幅度同样属于实质性分析程序的范畴。因此,在设计实质性分析程序时,注册会计师应当确定已记录金额与预期值之间可接受的差异额。在确定该差异额时,注册会计师应当主要考虑各类交易、账户余额、列报及相关认定的重要性和计划的保证水平。

第七章　对特殊项目的考虑

第一节　财务报表审计中对舞弊的考虑

一、舞弊的含义和种类

(一)舞弊的含义

舞弊,是指被审计单位的管理层、治理层、员工或第三方使用欺骗手段获取不当或非法利益的故意行为。舞弊在现代经济社会中比较普遍。因舞弊给企业和投资者带来损失的案例不计其数。

(二)舞弊的种类

在财务报表审计中,注册会计师关注的是导致财务报表发生重大错误的舞弊,主要包括编制虚假财务报告导致的错报和侵占资产导致的错报。

1. 编制虚假财务报告导致的错报

编制虚假财务报告涉及为欺骗财务报表使用者而做出的故意错报。管理层编制虚假财务报告可能的方式有对编制财务报表所依据的会计记录或支持性文件进行操纵,弄虚作假或篡改;在财务报表中错误表达或故意漏记事项、交易或其他重要信息;故意误用与确认、计量、分类或列报有关的会计政策和会计估计。

2. 侵占资产导致的错报

侵占资产是指被审计单位的管理层或员工非法占用被审计单位的资产。侵占资产的手段通常有:贪污收到的款项、管理层或员工在购货时收取回扣,将个人费用在单位列支、盗取或挪用单位资产等。

二、治理层、管理层和注册会计师对舞弊所负的责任

(一)治理层、管理层对舞弊所负的责任

被审计单位治理层和管理层对防止或发现舞弊负有主要责任。管理层在治理层的监督下,高度重视对舞弊的防范和遏制是非常重要的。对舞弊进行防范可以减少舞弊发生的机会;对舞弊进行遏制,即发现和惩罚舞弊行为,能够警示被审计单位人员不要实施舞弊。对舞弊的防范和遏制需要管理层营造诚实守信和合乎道德的文化,并且这一文化能够在治理层的有效监督下得到强化。

治理层的监督包括考虑管理层凌驾于控制之上或对财务报告过程施加其他不当影响的可能性,例如,管理层为了影响分析师对被审计单位业绩和盈利能力的看法而操纵利润。

(二)注册会计师对舞弊所负的责任

注册会计师职业界和社会公众之间对注册会计师对舞弊所负的责任有着不同的看法。当重大的财务报表舞弊案件发生后,社会公众一般会想注册会计师审计财务报表时,为什么没有发现舞弊行为,而注册会计师一般会辩解财务报表审计不是专门的舞弊调查,因此在审计过程中发现所有舞弊是有很大局限性的。由于社会公众和注册会计师职业界的不同观点,势必影响社会公众对注册会计师行业的信心,因此注册会计师行业应当更积极地承担发现舞弊的责任。

注册会计师对舞弊所负的责任分为两个方面:(1)在按照审计准则的规定执行审计工作时,注册会计师有责任对财务报表整体是否不存在由于舞弊或错误导致的重大错报获取合理保证;(2)由于审计的固有限制,即使注册会计师按照审计准则的规定恰当计划和执行了审计工作,也不可避免地存在财务报表中的某些重大错报未被发现的风险。

在舞弊导致错报的情况下,固有限制的潜在影响尤其重大。舞弊导致的重大错报未被发现的风险,大于错误导致的重大错报未被发现的风险。其原因是舞弊可能涉及精心策划和蓄意实施以进行隐瞒(如伪造证明或故意漏记交易),或者故意向注册会计师提供虚假陈述。如果涉及串通舞弊,注册会计师可能更加难以发现蓄意隐瞒的企图。串通舞弊可能导致原本虚假的审计证据被注册会计师误认

为具有说服力。

注册会计师发现舞弊的能力取决于舞弊者实施舞弊的技巧、舞弊者操纵会计记录的频率和范围、舞弊者操纵的每笔金额的大小、舞弊者在被审计单位的职位级别、串通舞弊的程度等因素。

即使可以识别出实施舞弊的潜在机会,但对于诸如会计估计等判断领域的错报,注册会计师也难以确定这类错报是由于舞弊还是错误导致的。

三、评估舞弊风险的程序

注册会计师需要采用风险导向审计的总体思路对待舞弊。首先识别和评估舞弊风险,然后采取恰当的措施有针对性地予以应对。注册会计师评估舞弊风险的程序有以下几点。

(一)询问

1.询问对象

询问程序对于注册会计师获取信息、评估舞弊风险十分有用。注册会计师应当询问管理层、内部审计人员以及被审计单位内部的其他人员,确定其是否知悉任何影响被审计单位的舞弊事实、舞弊嫌疑或舞弊指控。

2.询问内容

注册会计师通过询问管理层可以获取有关员工舞弊导致的财务报表重大错报的有用信息。在了解被审计单位及其环境时,注册会计师应当询问管理层的事项有:(1)管理层对财务报表可能存在由于舞弊导致的重大错报风险的评估,包括评估的性质、范围和频率等;(2)管理层对舞弊风险的识别和应对过程,包括管理层识别出的或注意到的特定舞弊风险,或可能存在舞弊风险的各类交易、账户余额或披露;(3)管理层就其对舞弊风险的识别和应对过程向治理层的通报;(4)管理层就其经营理念和道德观念向员工的通报。

3.获取管理层和治理层声明

注册会计师应当就下列事项向管理层和治理层获取书面声明:(1)管理层和

治理层认可其设计、执行和维护内部控制以防止和发现舞弊的责任；(2)管理层和治理层已向注册会计师披露了管理层对由于舞弊导致的财务报表重大错报风险的评估结果；(3)管理层和治理层已向注册会计师披露了已知的涉及管理层、在内部控制中承担重要职责的员工以及其他人员(在舞弊行为导致财务报表出现重大错报的情况下)的舞弊或舞弊嫌疑；(4)管理层和治理层已向注册会计师披露了从现任和前任员工、分析师、监管机构等方面获知的、影响财务报表的舞弊指控或舞弊嫌疑。

(二)评估舞弊风险因素

注册会计师通过风险评估程序和相关活动获取到了相关信息，应当评估这些信息以确定被审计单位是否存在舞弊风险因素。值得注意的是，存在舞弊风险因素并不代表一定发生了舞弊，但是在舞弊发生时通常存在舞弊风险因素。

舞弊存在时经常伴随着三种情况，即“舞弊三角”：动机，是舞弊发生的首要条件，当舞弊者有了舞弊的动机后才有可能导致舞弊的发生；机会，当舞弊者有舞弊的机会时，舞弊才有可能成功；借口，是舞弊发生的重要条件，只有舞弊者能够对舞弊的行为予以合理化，舞弊者才可能做出舞弊行为。

注册会计师应当运用职业判断，全面考虑被审计单位的规模、复杂程度、所有权结构及所处行业等，以确定舞弊风险因素的相关性和重要程度对重大错报风险评估可能产生的影响。

(三)实施分析程序

注册会计师应当通过分析程序，对财务报表和审计产生影响的金额、比率和趋势进行分析。对识别出的异常或偏离预期的情况，应当重点考虑是否存在由于舞弊导致的重大错报风险。

(四)组织项目组进行讨论

项目组成员之间应当进行讨论，并由项目合伙人确定将哪些事项向未参与讨论的项目组成员通报。项目组内部讨论的重点应当包括财务报表易于发生由于舞弊导致的重大错报的方面和领域，包括舞弊可能如何发生。在讨论过程中，项目组成员不能以管理层和治理层是正直和诚信的作为前提。

四、识别和评估舞弊导致的重大错报风险

舞弊导致的重大错报风险属于注册会计师特别考虑的重大错报风险(即特别风险),注册会计师应当在识别和评估财务报表层次以及各类交易、账户余额、披露的认定层次的重大错报风险时,识别和评估舞弊导致的重大错报风险。

由于企业编制虚假财务报表时,常用的手段都是多计或少计收入,因此,注册会计师应当基于收入确认存在舞弊风险的假定,评价哪些类型的收入、收入交易或认定导致舞弊风险。如果未将收入确认作为由于舞弊导致的重大错报风险领域,注册会计师应当将具体原因记录于审计工作底稿中。

五、应对舞弊导致的重大错报风险

当识别和评估出舞弊导致的重大错报风险后,注册会计师应当采取适当应对措施,从而将审计风险降低至可以接受的较低水平。

(一)总体应对措施

在针对评估的由于舞弊导致的财务报表层次重大错报风险确定总体应对措施时,注册会计师应当:(1)在分派和督导项目组成员时,考虑承担重要业务职责的项目组成员所具备的知识、技能和能力,并考虑由于舞弊导致的重大错报风险的评估结果;(2)评价被审计单位对会计政策(特别是涉及主观计量和复杂交易的会计政策)的选择和运用,是否可能表明管理层通过操纵利润对财务信息做出虚假报告;(3)在选择审计程序的性质、时间安排和范围时,增加审计程序的不可预见性。

(二)具体应对措施

1.针对由于舞弊导致的认定层次重大错报风险

注册会计师应当设计和实施进一步审计程序、审计程序的性质、时间安排和范围,从而应对舞弊导致的认定层次的重大错报风险。其具体实施程序包括:(1)改变拟实施审计程序的性质。通过改变拟实施审计程序的性质,以获取更为可靠、相关的审计证据,或获取其他佐证性信息,包括更加重视实地观察或检查,在

实施函证程序时改变常规函证内容，询问被审计单位的非财务人员等；(2)改变执行程序的时间。包括在期末或接近期末实施实质性程序，或针对本期较早时间发生的交易或贯穿于本会计期间的交易或事项实施细节测试；(3)改变审计程序的范围。包括扩大样本规模、采用更详细的数据实施分析程序等。

2.针对管理层凌驾于控制之上的风险实施的程序

管理层处于实施舞弊的独特地位，其原因是管理层有能力通过凌驾于控制之上操纵会计记录并编制虚假财务报表，而这些控制却看似有效运行。

尽管管理层凌驾于控制之上的风险水平因被审计单位而异，但所有被审计单位都存在这种风险。由于管理层凌驾于控制之上的行为发生方式不可预见，这种风险属于由于舞弊导致的重大错报风险，因此也是一种特别风险。

六、评价审计证据

当注册会计师对财务报表与所了解的被审计单位情况是否一致进行判断时，应当先评价在临近审计结束时实施的分析程序，是否表明存在此前尚未识别的由于舞弊导致的重大错报风险。

(一)识别出某项可能由于舞弊导致的错误

如果注册会计师识别出某项错误，并有理由认为该项错报可能是由于舞弊导致的，且涉及管理层，特别是涉及较高级别的管理层，无论该项错报是否重大，注册会计师都应当重新评价对由于舞弊导致的重大错报风险的评估结果，以及该结果对旨在应对评估的风险的审计程序的性质、时间安排和范围的影响。

由于舞弊孤立发生的可能性很小，因此，注册会计师应当评价该项错报对审计工作其他方面的影响，特别是对管理层声明可靠性的影响。

(二)与管理层的沟通

如果注册会计师识别出舞弊或获取的信息表明可能存在舞弊，应当及时就此类事项与适当层级的管理层沟通，从而从管理层方面获知防止和发现舞弊事项负有主要责任的人员。例如，当注册会计师发现基层员工挪用公款或者侵占企业其他资产的时候，并且没有证据怀疑该员工上一级管理层参与舞弊，则可以向该员工的管理层通报该舞弊事项，否则，应当向更高级的管理层进行通报。

（三）与治理层的沟通

如果注册会计师确定或怀疑舞弊涉及管理层、在内部控制中承担重要职责的员工以及可能导致财务报表重大错报的其他员工，应当及时就此类事项与治理层沟通。

如果注册会计师怀疑舞弊涉及管理层，应当就怀疑和治理层沟通，并与其讨论为完成审计工作所必需的审计程序的性质、时间安排和范围。

（四）向监管机构和执法机关报告

如果注册会计师识别出舞弊或怀疑存在舞弊，应当确定是否有责任向被审计单位以外的机构报告。尽管注册会计师对客户信息负有的保密义务可能妨碍这种报告，但如果法律法规要求注册会计师履行报告责任，注册会计师应当遵守法律法规的规定。

第二节　财务报表审计中对法律法规的考虑

违反法律法规，是指被审计单位违背除使用的财务报告编制基础以外的现行法律法规的行为。这里包括被审计单位主观有意和无意的违背，但是不包括由治理层、管理层或员工实施的与被审计单位经营活动无关的不当个人行为。不同的法律法规对财务报表的影响差异很大，注册会计师在财务报表审计中需要考虑被审计单位遵守的所有法律法规。

一、管理层遵守法律法规的责任

管理层的责任是在治理层的监督下确保被审计单位经营活动符合法律法规的规定。法律法规可能直接规定了使用的财务报告编制基础或影响被审计单位在财务报表中的具体披露，或者规定了被审计单位需要在财务报表中确认的法定权利和义务等。

管理层为了防止和发现违反法律法规行为，管理层执行的政策和程序有以下几点。

(一)及时跟踪法律法规的变化

管理层应当建立相应的制度，通过指派专门的部门和人员搜集信息或聘请法律顾问等方式和途径，确保能及时、全面了解适用于本企业及所在行业的相关法律法规的变化，并且应当根据法律法规的要求，制定和修改经营程序，使自身的经营活动符合法律法规的要求。

(二)建立和健全内部控制

内部控制的目标之一就是保证企业遵守相应的法律法规，因此管理层应按照国家有关规定和企业的实际情况，建立和健全适合本企业的内部控制，从而可以合理保证经营活动符合相关法律法规的要求，这是确保企业遵守法律法规非常重要的一步。

(三)制定和落实行为规范

管理层应当在了解相关法律法规要求的基础上，制定符合法律法规要求的行为规范，并且要进行公布，使企业每一名员工得到适当培训，并了解行为规范。员工了解了相应的行为规范，明确知道自己的行为哪些是正确的，哪些可能违反了相关法律法规，这样多数员工都能遵守行为规范，从而就可以保证企业的经营活动合法合规。

(四)监控员工遵守行为规范的情况

被审计单位虽然已经公布并对员工培训了相应的行为规范，但是由于部分员工可能受到利益驱动或其他原因故意或无意地违反相关的行为规范，因此管理层应当采取措施监控行为规范遵守的情况，对于违反行为规范的员工采取恰当的措施给予处分，这样有利于促使全体员工自觉遵守行为规范。

(五)聘请法律顾问

由于管理层专业限制等原因，很可能无法准确地了解和运用适合于本单位的所有相关法律法规，因此，一般情况下都需要聘请法律顾问。

(六)管理相关法律法规文件和记录

对于被审计单位在其所处行业必须遵守的法律法规,管理层有必要对其进行汇编管理。另外,有必要保存被投诉的记录,这样做不仅有利于管理层和员工了解被审计单位某些方面存在的缺陷与不足,还有利于根据投诉记录及其调查结果做出适当的处理,修改经营程序,完善相关的行为规范。

(七)内部审计和法律机构应当履行相应职责

对于设有内部审计机构、审计委员会和法律部门的被审计单位,应当分配适当的权利和责任给这些机构和部门,让这些部门和部门中专业的员工一起帮助管理层履行防止和发现违反法规行为的责任。

二、注册会计师对被审计单位遵守法律法规的考虑

(一)注册会计师的责任

在执行财务报表审计时,注册会计师会考虑适用于被审计单位的法律框架。由于审计的固有限制,即使注册会计师按照审计准则的规定恰当地计划和执行审计工作,也不可避免地存在财务报表中的某些重大错报没有被发现的风险。具体到法律法规,审计的固有限制对注册会计师发现重大错报的能力的潜在影响会加大,主要的固有限制有法律法规,主要与被审计单位经营活动相关,通常不影响财务报表,并且不能被与财务报告相关的信息系统所获取;违反法律法规可能涉及故意隐瞒的行为,如共谋、伪造、故意漏记交易、管理层凌驾于控制之上或故意向注册会计师提供虚假陈述;最终只能由法院认定某行为是否构成违反法律法规。

因此,注册会计师没有责任防止被审计单位违反法律法规行为,也不能期望注册会计师发现被审计单位所有的违反法律法规的行为。但是,在审计过程中,为了对财务报表形成审计意见而实施的其他审计程序,可能使注册会计师识别出或怀疑被审计单位存在违反法律法规行为,注册会计师应当保持职业怀疑态度。

(二)了解法律法规的框架

当注册会计师了解被审计单位及其环境时,应当总体了解下列事项:适用于

被审计单位及其所处行业或领域的法律法规框架以及被审计单位如何遵守这些法律法规框架。

为总体了解法律法规框架以及被审计单位如何遵守这些法律法规框架，注册会计师可以采取下列措施：(1)利用对被审计单位行业状况、监管环境以及其他外部因素的了解；(2)更新对直接决定财务报表中的报告金额和列报的法律法规的了解；(3)向管理层询问对被审计单位经营活动预期可能产生至关重要影响的其他法律法规；(4)向管理层询问被审计单位制定的有关遵守法律法规的政策和程序；(5)向管理层询问在识别、评价和会计处理诉讼索赔时采用的政策和程序。

(三)直接影响财务报表中的重大金额和披露的法律法规

某些法律法规可能已经完善且与被审计单位财务报表相关。这些法律法规可能与下列事项相关：(1)财务报表的格式和内容；(2)特定行业的财务报告问题；(3)根据政府合同对交易进行的会计处理；(4)所得税费用或退休金成本的应计或确认。

这些法律法规的某些规定可能与财务报表中的特定认定直接相关(如应交税费的完整性)，而其他规定可能与财务报表整体直接相关(如规定的财务报表的种类等)。注册会计师应当针对这些对决定财务报表中的重大金额和披露有直接影响的法律法规，获取被审计单位遵守这些规定的充分、适当的审计证据。

(四)识别违反其他法律法规行为的程序

某些法律法规可能因其对被审计单位的经营活动具有至关重要的影响，需要注册会计师予以特别关注。违反此类法律法规可能导致被审计单位终止业务活动或对其持续经营能力产生疑虑。例如，排出的污水不符合环境保护法的规定，可能面临着停业的后果。同时，存在许多与被审计单位经营活动相关的法律法规，它们并不对财务报表产生影响，也不会被与财务报表相关的信息系统反映。

因此，注册会计师为了识别可能对财务报表产生重大影响的违反其他法律法规的行为，应当执行下列审计程序：(1)向管理层和治理层(如适用)询问被审计单位是否遵守了这些法律法规；(2)检查被审计单位与许可证颁发机构或监管机构的往来函件。

（五）实施使注册会计师注意到违反法律法规行为的审计程序

注册会计师可能通过为形成审计意见所实施的审计程序，注意到识别出的或怀疑存在的违反法律法规行为。这些审计程序可能包括：(1)阅读会议纪要；(2)向被审计单位管理层、内部或外部法律顾问询问诉讼、索赔及评估情况；(3)对某类交易、账户余额和披露实施细节测试。

（六）书面声明

由于法律法规对财务报表的影响差异很大，可以要求管理层对其识别出的或怀疑存在的可能对财务报表产生重大影响的违反法律法规行为，做出书面声明，从而提供必要的审计证据。然而，因为书面声明本身并不提供充分、适当的审计证据，所以获取书面声明不影响注册会计师拟获取的其他审计证据的性质和范围。

第三节　审计沟通

注册会计师在接受委托之前和接受委托之后都需要与治理层以及前任注册会计师就一些重大事项进行沟通。

一、注册会计师与治理层的沟通

治理层，是指对被审计单位战略方向以及管理层履行经营管理责任负有监督责任的人员或组织。治理层的责任包括对财务报告过程的监督。在某些被审计单位，治理层可能包括管理层成员。管理层，是指对被审计单位经营活动的执行负有管理责任的人员。在某些被审计单位，管理层包括部分或全部的治理层成员。

（一）沟通的作用

被审计单位的治理层对财务报表的编制和披露负有监督责任，注册会计师对财务报告编制和监督过程负有审计职责，治理层和注册会计师在这个方面存在着共同的关注点，在履行职责方面存在着很强的互补性，因此注册会计师有必要与治理层保持有效的沟通。

(1)注册会计师和治理层了解与审计有关的背景事项，并建立建设性的工作关系。在建立这种关系时，注册会计师需要保持独立性和客观性；(2)注册会计师向治理层获取与审计相关的信息，例如，治理层可以帮助注册会计师了解被审计单位及其环境，确定审计证据的适当来源，以及提供有关具体交易或事项的信息；(3)治理层履行其对财务报告过程的监督责任，从而降低财务报表重大错报风险。

(二)沟通的目标

注册会计师应就与财务报表审计相关且根据职业判断认为与治理层责任相关的重大事项，以适当的方式及时与治理层进行明晰的沟通。沟通的具体目标如下：(1)就注册会计师与财务报表审计相关的责任、计划的审计范围和时间安排的总体情况，与治理层进行清晰地沟通；(2)向治理层获取与审计相关的信息；(3)及时向治理层通报审计中发现的与治理层监督财务报告过程的责任相关的重大事项；(4)推动注册会计师和治理层之间有效的双向沟通。

(三)沟通的对象

1.确定沟通对象的要求

(1)确定适当的沟通人员

注册会计师应当确定与被审计单位治理结构中的哪些适当人员沟通。不同的被审计单位，适当的沟通对象可能不同。即使是同一家被审计单位，由于组织形式的变化、章程的修改或其他方面的变动，也可能使适当的沟通对象发生变动。

由于沟通事项的不同，适当的沟通对象也会有所不同。针对一些特殊事项，注册会计师应当运用职业判断考虑是否应当与被审计单位治理结构中的其他适当对象进行沟通。例如，如果治理层兼任高级管理职务，注册会计师就不适宜与之沟通有关管理层的胜任能力和诚信问题方面的事项。

(2)确定适当的沟通人员时应当利用的信息

在确定与哪些适当人员沟通特定事项时，注册会计师应当利用在了解被审计单位及其环境时获取的有关治理结构和治理过程的信息。主要的途径有了解被审计单位的法律结构、组织形式，查阅被审计单位的章程、组织结构图，询问被审计单位的相关人员等。

2.与治理层的下设组织或个人沟通

(1)沟通的主要因素

一般情况下，注册会计师没有必要也不可能就全部沟通事项与治理层整体进行沟通。适当的沟通对象往往是治理层的下设组织和人员，如董事会下设的审计委员会，独立董事，监事会，或者被审计单位特别指定的组织和人员等。

(2)需要与治理层整体沟通的特殊情形

在某些情况下，治理层全部成员参与管理被审计单位，例如，在一家小企业中，仅有的一名业主管理该企业，并且没有其他人负有治理责任。此时，如果就审计准则要求沟通的事项已与负有管理责任的人员沟通，且这些人员同时负有治理责任，注册会计师无需就这些事项再次与负有治理责任的相同人员沟通。总之，注册会计师应当确信与负有管理层责任人员的沟通能够向所有负有治理责任的人员充分传递应予沟通的内容。

(四)沟通的事项

1.注册会计师与财务报表审计相关的责任

注册会计师应当与治理层沟通注册会计师与财务报表审计相关的责任，包括：(1)注册会计师负责对管理层在治理层监督下编制的财务报表形成和发表意见；(2)财务报表审计并不减轻管理层或治理层的责任。

注册会计师与财务报表审计相关的责任通常包含在审计业务约定条款的其他适当形式的书面协议中。因此，注册会计师可以通过向治理层提供审计业务约定书或其他适当形式的书面协议副本的方式与治理层进行沟通。

2.计划的审计范围和时间安排

独立制定总体审计策略和具体审计计划(包括获取充分、适当的审计证据所需程序的性质、时间安排和范围)是注册会计师的责任。但是就计划的审计范围和时间进行沟通可以帮助治理层更好地了解注册会计师工作结果，与注册会计师讨论风险问题和重要性的概念，以及识别可能需要注册会计师追加审计程序的领域；帮助注册会计师更好地了解被审计单位及其环境。在与治理层就计划的审计范围和时间安排进行沟通时，要注意防止具体审计程序的性质和时间安排被治理层预见而降低其有效性。

沟通的事项可能包括：(1)注册会计师拟如何应对由于舞弊或错误导致的特别风险；(2)注册会计师对与审计相关的内部控制采取的方案；(3)在审计中对重要性概念的运用；(4)如果被审计单位设有内部审计，注册会计师拟利用内部审计工作的程度，以及注册会计师和内部审计人员如何以建设性和互补的方式更好地协调和配合工作；(5)治理层应对会计准则、公司治理实务、交易所上市规则和相关事项变化的措施；(6)治理层对以前与注册会计师沟通做出的反应。

尽管与治理层的沟通可以帮助注册会计师计划审计的范围和时间安排，但并不改变注册会计师独自承担制定总体审计策略和具体审计计划（包括获取充分、适当的审计证据所需程序的性质、时间安排和范围）的责任。

3. 对于审计中发现的重大问题的沟通

(1)注册会计师对被审计单位会计实务重大方面的质量的看法

财务报告编制基础通常允许被审计单位做出会计估计和有关会计政策和财务报表披露的判断。就会计实务重大方面的质量进行开放性的、建设性的沟通，可能包括评价重大会计实务的可接受性。

会计实务质量方面主要包括被审计单位对于其发生的经营业务活动选用的会计政策、会计估计是否适当，以及财务报表披露总体是否中立、一贯和明晰等。

(2)审计工作中遇到的重大困难

审计工作中遇到的重大困难可能包括下列事项：①管理层在提供审计所需信息时出现严重拖延；②不合理地要求缩短完成审计工作的时间；③为获取充分、适当的审计证据需要付出的努力远远超过预期；④无法获取预期的信息；⑤管理层对注册会计师施加的限制；⑥管理层不愿意按照要求对被审计单位持续经营能力进行评估，或不愿意延长评估期间。

(五)沟通的过程

注册会计师应当就沟通的形式、时间安排和拟沟通的基本内容与治理层沟通。

1.沟通形式

沟通的形式通常包括结构化的陈述、书面报告以及不太正式的沟通(包括讨论)。一般情况下,对于审计发现的重大事项和注册会计师独立性问题应当以书面报告的形式进行沟通,而且一般采用致治理层的沟通函件的方式进行书面沟通。对于其他事项,注册会计师可以根据具体事项和职业判断选择口头或书面的沟通方式。

2.沟通时间

计划事项的沟通,通常在审计业务的早期阶段进行;审计中遇到的重大困难,如果治理层能够协助注册会计师克服这些困难,或者这些困难可能导致发表非无保留意见,应尽快沟通。如果识别出值得关注的内部控制缺陷,注册会计师应当按照要求进行书面沟通前,尽快向治理层口头沟通。对独立性的不利影响和相关防范措施则需要随时沟通。

3.沟通过程的充分性

注册会计师应当评价其与治理层之间的双向沟通对实现审计目的是否充分。如果认为双向沟通不充分,注册会计师应当评价其对重大错报风险评估以及获取充分、适当的审计证据的能力的影响,并采取适当的措施。主要措施如下:(1)根据范围受到的限制发表非无保留意见;(2)就采取不同措施的后果征询法律意见;(3)与第三方(如监管机构)、被审计单位外部的在治理结构中拥有更高权力的组织或人员(如企业的业主,股东大会中的股东)或公共部门负责的政府部门进行沟通;(4)在法律法规允许的情况下解除业务约定。

二、前任注册会计师和后任注册会计师的沟通

(一)前任注册会计师和后任注册会计师的含义

1.前任注册会计师

前任注册会计师,是指已对被审计单位上期财务报表进行审计,但被现任注

册会计师接替的其他会计师事务所的注册会计师。接受委托但未完成审计工作，已经或可能与委托人解除业务约定的注册会计师，也视为前任注册会计师。

2. 后任注册会计师

后任注册会计师，是指正在考虑接受委托或已经接受委托，接替前任注册会计师对被审计单位本期财务报表进行审计的注册会计师。如果被审计单位委托注册会计师对已审计财务报表进行重新审计，正在考虑接受委托或已经接受委托的注册会计师也视为后任注册会计师。

前任注册会计师和后任注册会计师的沟通通常由后任注册会计师主动发起，但需得到被审计单位的同意。前、后任注册会计师沟通可以采用书面或口头的方式。通常情况下，后任注册会计师可以通过向前任注册会计师致函的方式进行询问。如果采用口头方式，应当将沟通的情况记录于工作底稿中。

(二)接受委托前的沟通

1. 沟通的目标

在接受委托前，后任注册会计师与前任注册会计师就影响业务承接决策的事项进行必要沟通，以确定是否接受委托。当后任注册会计师与前任注册会计师沟通，得知被审计单位更换会计师事务所的原因后，才能更好地考虑是否接受委托。

2. 沟通的前提

后任注册会计师进行主动沟通的前提是得到被审计单位的同意。因此，后任注册会计师应当提请被审计单位以书面方式允许前任注册会计师对其询问做出充分答复。如果被审计单位不同意前任注册会计师做出答复，或限制答复的范围，后任注册会计师应当向被审计单位询问原因，并考虑是否接受委托。这种情况下，被审计单位很可能与前任注册会计师在重大会计、审计问题上存在意见分歧，或被审计单位管理层的诚信存在问题，后任注册会计师应当对此提高警惕，慎重评估潜在的审计风险，并考虑是否接受委托。当这种情况出现时，后任注册会计师一般应当拒绝接受委托，除非可以通过其他方式获知必要的事实，或有充分的证据表明被审计单位财务报表的审计风险水平非常低。

3. 沟通的内容

后任注册会计师向前任注册会计师询问的内容应当合理、具体，至少包括：(1)是否发现被审计单位管理层存在正直和诚信方面的问题；(2)前任注册会计师与管理层在重大会计、审计等问题上存在的意见分歧；(3)前任注册会计师向被审计单位治理层通报的管理层舞弊、违反法律法规行为以及值得关注的内部控制缺陷；(4)前任注册会计师认为导致被审计单位变更会计师事务所的原因。

4. 评价沟通结果

在被审计单位允许前任注册会计师对后任注册会计师的询问做出充分答复的情况下，前任注册会计师应当根据所了解的事实，对后任注册会计师的合理询问及时做出充分答复。

在进行必要沟通后，后任注册会计师应当对沟通结果进行评价，以确定是否接受委托。后任注册会计师应当对前任注册会计师提供的信息给予应有的重视，对其进行评价，并与被审计单位提供的信息进行比较。如果两者提供的信息不符，或者两者在会计或审计的重大方面有分歧，在这种情况下，后任注册会计师应慎重考虑是否接受委托。当出现上述情况时，后任注册会计师一般应拒绝接受委托，以抑制被审计单位购买审计意见的企图，并保护前任注册会计师的利益。

(三)接受委托后的沟通

接受委托后，如果需要查阅前任注册会计师的工作底稿，后任注册会计师应当得到被审计单位同意，并与前任注册会计师进行沟通。

1. 查阅前任注册会计师工作底稿的前提

当取得被审计单位同意后，后任注册会计师可以与前任注册会计师沟通来查阅其审计工作底稿。审计实务中，在接受审计业务委托前，几乎不可能有前任注册会计师允许后任注册会计师查阅其审计工作底稿的情况。但在接受委托后，前任注册会计师可以考虑允许后任注册会计师查阅其审计工作底稿。如果上期财务报表由前任注册会计师审计，后任注册会计师应当考虑通过查阅前任注册会计师的工作底稿获取有关期初余额的充分、适当的审计证据，并考虑前任注册会计师的独立性和专业胜任能力。

2.查阅工作底稿的内容

前任注册会计师应当自主决定可供后任注册会计师查阅、复印或摘录的工作底稿内容，这些内容通常可能包括有关审计计划、控制测试、审计结论的工作底稿，以及其他具有延续性的对本期审计产生重大影响的会计、审计事项（如有关资产负债表账户的分析和或有事项）的工作底稿。

3.利用工作底稿的责任

查阅前任注册会计师工作底稿获取的信息可能影响后任注册会计师实施审计程序的性质、时间安排和范围，但后任注册会计师应当对自身实施的审计程序和得出的审计结论负责。后任注册会计师不应在审计报告中表明，其审计意见全部或部分地依赖前任注册会计师的审计报告或工作。

（四）发现前任注册会计师审计的财务报表可能存在重大错报时的处理

如果发现前任注册会计师审计的财务报表可能存在重大错报，后任注册会计师应当提请被审计单位告知前任注册会计师。必要时，后任注册会计师可要求被审计单位安排三方会谈。前后任注册会计师应当就任何在已审计财务报表报出后发现的、对已审计财务报表可能存在重大影响的信息进行沟通，以便双方按照有关审计准则做出妥善处理。

如果被审计单位拒绝告知前任注册会计师，或前任注册会计师拒绝参加三方会谈，或后任注册会计师对解决问题的方案不满意，后任注册会计师应当考虑对审计报告的影响或解除业务约定。

第四节　利用他人的工作

一、利用内部审计的工作

内部审计，是指由被审计单位建立的或由外部机构以服务形式提供的一种评价活动。内部审计的职能包括检查、评价和监督内部控制的恰当性和有效性等。内部审计人员，是执行内部审计活动的人员。内部审计人员可能属于内部审计部门或履行内部审计职责的类似部门。

(一)内部审计的目标

被审计单位的内部审计的目标是由其管理层和治理层确定的,是和企业的目标紧密联系的。不同被审计单位的内部审计目标差异很大,取决于被审计单位的规模和结构以及管理层和治理层的要求。内部审计可能包括下列活动。

(1)内部控制的监督。内部审计可能包括评价控制、监督控制的运行以及对内部控制提出改进建议;(2)财务信息和经营信息的检查。内部审计可能包括对确认、计量、分类和报告财务信息和经营信息的方法进行评价,并对个别事项进行专门询问,包括对交易、余额及程序实施细节测试;(3)经营活动的评价。内部审计可能包括对被审计单位的经营活动(包括非财务活动)的经济性、效率性和效果性进行评价;(4)遵守法律法规情况的评价。内部审计可能包括评价被审计单位对法律法规、其他外部要求以及管理层政策、指令和其他内部要求的遵守情况。内部审计可以对被审计单位在经营过程中遵守相关遵循性标准的情况做出相应的评价,包括评价国家相关法律法规的遵守情况、行业和部门政策的遵守情况、企业经营计划和财务计划的遵守情况、企业经营预算和财务预算的遵守情况、企业制定的各种程序标准的遵守情况、企业签订的各类合同的遵守情况等;(5)风险管理。内部审计可能有助于被审计单位识别和评估其面临的重大风险,并改进风险管理和控制系统。

(二)内部审计和注册会计师的关系

1.二者的联系

两者用以实现各自目标的某些方式通常是相似的,审计对象也密切相关,甚至存在部分重叠。因此,注册会计师应当考虑内部审计工作的某些方面是否有助于确定审计程序的性质、时间安排和范围,包括了解内部控制所采用的程序、评估财务报表重大错报风险所采用的程序和实质性程序。通过利用内部审计工作的结果,注册会计师可以掌握内部审计发现的、可能对被审计单位财务报表和注册会计师审计产生重大影响的事项。直接影响注册会计师对拟实施审计程序的性质、时间安排和范围做出总体修改。

2.注册会计师的责任

虽然相关内部审计准则要求内部审计机构和人员保持独立性和客观性，但考虑到内部审计是被审计单位的一部分，其独立程度有限，无法达到注册会计师审计所要求的水平。尽管内部审计工作的某些部分可能对注册会计师的工作有所帮助，但注册会计师必须对与财务报表审计有关的所有重大事项独立做出职业判断，不能完全依赖内部审计工作。

（三）确定是否利用以及在多大程度上利用内部审计人员的工作

在被审计单位具有内部审计职能，且注册会计师认为可能与其审计相关的情况下，注册会计师应当确定是否利用以及在多大程度上利用内部审计人员的特定工作；如果利用内部审计人员的特定工作，应确定该项工作是否足以实现审计目的。

二、利用专家的工作

（一）专家的含义

专家，即注册会计师的专家，是指在会计或审计以外的某一领域具有专长的个人或组织，并且其工作被注册会计师利用，以协助注册会计师获取充分、适当的审计证据。专家既可能是会计师事务所内部专家，也可能是会计师事务所外部专家。专长，是指在某一特定领域中拥有的专门技能、知识和经验。

在许多情况下，将会计或审计领域的专长与其他领域的专长予以区分是很容易的。在某些情况下，特别是那些涉及会计或审计专长的新兴领域，将这些领域的专长与其他领域的专长予以区分，需要职业判断。

（二）确定是否利用专家的工作

如果在会计或审计以外的某一领域的专长对获取充分、适当的审计证据是必要的，注册会计师应当确定是否利用专家的工作。

注册会计师在执行下列工作时可能需要利用专家的工作：(1)了解被审计单位及其环境；(2)识别和评估重大错报风险；(3)针对评估的财务报表层次风险，确定并实施总体应对措施；(4)针对评估的认定层次风险，设计和实施进一步审计程序,包括控制测试和实质性程序;(5)在对财务报表形成审计意见时,评价已获取的审计证据的充分性和适当性。

(三)审计程序的性质、时间安排和范围

审计程序的性质、时间安排和范围,将随着具体情况的变化而变化。在确定审计程序的性质、时间安排和范围时,注册会计师应当考虑下列事项:(1)与专家工作相关的事项的性质;(2)与专家工作相关的事项中存在的重大错报风险;(3)专家的工作在审计中的重要程度;(4)注册会计师对专家以前所做工作的了解,以及与之接触的经验;(5)专家是否需要遵守会计师事务所的质量控制政策和程序。

(四)专家的胜任能力、专业素质和客观性

注册会计师应当评价专家是否具有实现审计目的所必需的胜任能力、专业素质和客观性。在评价外部专家的客观性时,注册会计师应当询问可能对外部专家客观性产生不利影响的利益和关系。

关于专家的胜任能力、专业素质和客观性的信息可能来源于多种不同的渠道,例如:(1)以前与专家交往的个人经验;(2)与专家进行的讨论;(3)与熟悉专家工作的其他注册会计师、其他机构或人员进行的讨论;(4)对专家的资格、会员身份、执业资格或其他形式的外部认证的了解;(5)专家发表的论文或出版的书籍;(6)会计师事务所的质量控制政策和程序。

(五)了解专家的专长领域

注册会计师应当充分了解专家的专长领域,确定专家工作的性质、范围和目标;评价专家的工作是否足以实现审计目的。注册会计师对专家的专长领域的了解可能包括下列方面:(1)与审计相关的、管理层的专家专长领域的进一步细分信息;(2)职业准则或其他准则以及法律法规是否适用;(3)专家使用哪些假设和方法(包括专家使用的模型,如适用),及其在专家的专长领域是否得到普遍认可,对实现财务报告目的是否适当;(4)专家使用的内外部数据或信息的性质。

(六)与专家达成一致意见

注册会计师应当与专家就下列事项达成一致意见,并根据需要形成书面协

议：(1)专家工作的性质、范围和目标；(2)注册会计师和专家各自的角色和责任；(3)注册会计师和专家之间沟通的性质、时间安排和范围，包括专家提供的报告的形式；(4)对专家遵守保密规定的要求。

(七)评价专家工作的恰当性

注册会计师应当评价专家的工作是否足以实现审计目的，包括以下几点。

(1)专家的工作结果和结论的相关性和合理性，以及与其他审计的一致性；(2)如果专家的工作涉及使用重要的假设和方法，这些假设和方法在具体情况下的相关性和合理性；(3)如果专家的工作涉及使用重要的原始数据，这些原始数据的相关性、完整性和准确性。

如果确定专家的工作不足以实现审计目的，注册会计师应当采取下列措施：就专家拟执行的进一步工作的性质和范围，与专家达成一致意见或根据具体情况，实施追加的审计程序。

第八章　完成审计工作

第一节　复核或有事项

一、或有事项的含义

或有事项是指过去的交易或事项形成的，其结果须由某些未来事项的发生或不发生才能决定的不确定事项。常见的或有事项主要包括未决诉讼或仲裁、债务担保、产品质量保证（含产品安全保证）、承诺、亏损合同、重组义务、环境污染整治等。

二、或有事项的审计目标

或有事项的审计目标是就管理层在编制和列报财务报表时对或有事项的会计处理和披露获取充分、适当的审计证据，并就或有事项是否存在重大错报得出结论。同时确定或有事项对审计报告类型的影响。

三、或有事项的审计程序

审计或有事项时，审计人员要关注财务报表反映的或有事项的完整性。由于或有事项的种类不同，审计人员在审计被审计单位的或有事项时，选用的审计程序也各不相同，但是，总结起来，针对或有事项完整性的审计程序通常包括：(1)了解被审计单位与识别或有事项有关的内部控制；(2)审阅截至审计工作完成日被审计单位历次董事会纪要和股东大会会议记录；确定是否存在未决诉讼或仲裁、未决索赔、税务纠纷、债务担保、产品质量保证、财务承诺等方面的记录；(3)向被审计单位有业务往来的银行函证，或检查被审计单位与银行之间的借款协议和往来函件，以查找有关票据贴现、背书、应收账款抵押、票据背书和担保；(4)检查与税务征管机构之间的往来函件和税收结算报告，以确定是否存在税务争议；(5)向被审计单位的法律顾问和律师进行函证，分析被审计单位在审计期间发生的法律费用，以确定是否存在未决诉讼、索赔等事项；(6)向被审计单位管理层获取管理层声明,声明其已按照企业会计准则的规定,对全部或有事项做了恰当反映。

四、获取律师声明书

注册会计师在审计或有事项等时,往往要向被审计单位的法律顾问或律师进行函证,以获取与财务报表日已存在的,以及财务报表日至复函日这一时期内存在的期后事项和或有事项等有关的审计证据。被审计单位律师对函证问题的答复和说明,就是律师声明书。

对律师的函证,通常以被审计单位的名义,通过寄发审计询证函的方式实施。律师声明书所用的格式和措辞并没有定式。单位不同或情况不同,律师出具的声明书也不相同。

注册会计师应根据该律师的职业水准和声誉情况来确定律师声明书的可靠性。如果注册会计师对代理被审计单位重大法律事务的律师并不熟悉,则应查询诸如该律师的职业背景、声誉及其在法律界的地位等情况,并考虑从律师协会获取信息。

如果律师声明书表明或暗示律师拒绝提供信息,或隐瞒信息,注册会计师应将其视为审计范围受到限制。

第二节　复核期后事项

审计人员在审计被审计单位某一会计年度的财务报表时,除了对所审计的会计年度之后发生和发现的事项实施必要的审计程序,还要考虑所审会计年度之后发生和发现的事项和财务报表和审计报告的影响,保证一个会计期间的财务报表的真实性和完整性。

一、期后事项的含义和种类

(一)期后事项的含义

期后事项是指资产负债表日至审计报告日之间发生的事项以及审计报告日发现的事实。

(二)期后事项的种类

财务报表可能受到财务报表日后发生的事项的影响。适用的财务报告编制基础通常专门提及期后事项,将其区分为下列两类:一是对财务报表日已经存在的情况提供证据的事项,即对财务报表日已经存在的情况提供了新的或进一步证据的事项,这类事项影响财务报表金额,需提请被审计单位管理层调整财务报表及与之相关的披露信息;二是对财务报表日后发生的情况提供证据的事项,即表明财务报表日后发生的情况的事项。这类事项虽不影响财务报表金额,但可能影响对财务报表的正确理解,需提请被审计单位管理层在财务报表附注中做适当披露。

1.财务报表日后调整事项

这类事项不但为被审计单位管理层确定财务报表日账户余额提供信息,也为审计人员核实这些余额提供补充证据。如果账户金额重大,应提请被审计单位对本期财务报表及相关的账户金额进行调整。财务报表日后调整事项主要有:(1)财务报表日后诉讼案件结案,法院判决证实了企业在财务报表日已经存在现时义务,需要调整原先确认的与该诉讼案件相关的预计负债,或确认一项新负债;(2)财务报表日后取得确凿证据,表明某项资产在财务报表日发生了减值或者需要调整该项资产原先确认的减值金额;(3)财务报表日后进一步确定了财务报表日前购入资产的成本或售出资产的收入;(4)财务报表日后发现了财务报表舞弊或差错。

2.财务报表日后非调整事项

这类事项不影响财务报表日财务状况,因此不需要调整被审计单位的本期财务报表。但如果被审计单位的财务报表因此可能受到误解,应当在财务报表附注中予以适当的披露。

(1)财务报表日后发生重大诉讼、仲裁、承诺;(2)财务报表日后资产价格、税收政策、外汇汇率发生重大变化;(3)财务报表日后自然灾害导致资产发生重大损失;(4)财务报表日后发行股票和债券以及其他巨额举债;(5)财务报表日后资本公积转增资本;(6)财务报表日后发生巨额亏损;(7)财务报表日后发生企业合并或处置子公司;(8)财务报表日后企业利润分配方案中拟分配的以及经审议批准宣告发放的股利或利润。

二、期后事项分段

根据期后事项的上述定义，期后事项可以划分为三个时段：第一个时段是财务报表日后至审计报告日，可以把在这一期间发生的事项称为“第一时段期后事项”；第二个时段是审计报告日后至财务报表报出日，可以把这一期间发生的事项称为“第二时段期后事项”；第三个时段是财务报表报出日后，可以把这一期间发生的事实称为“第三时段期后事项”。

财务报表日是指财务报表涵盖的最近期间的截止日期；财务报表批准日是指被审计单位董事会或类似机构批准财务报表报出的日期；财务报表报出日是指被审计单位对外披露已审计财务报表的日期。在实务中，审计报告日与财务报表批准日通常是相同的日期。

（一）截至审计报告日发生的期后事项

审计人员应当实施必要的审计程序，获取充分、适当的审计证据，以确定截至审计报告日发生的、需要在财务报表中调整或披露的事项是否均已得到识别。

财务报表日至审计报告日之间发生的期后事项属于第一时段期后事项。对于这一时段的期后事项，审计人员负有主动识别的义务，应当设计专门的审计程序来识别这些期后事项，并根据这些事项的性质判断其对财务报表的影响，进而确定是进行调整还是披露。

审计人员应当尽量在接近审计报告日时，实施旨在识别需要在财务报表中调整或披露事项的审计程序。

(1)复核被审计单位管理层建立的用于确保识别期后事项的程序；(2)取得并审阅股东大会、董事会和管理层的会计记录以及涉及诉讼的相关文件等，查明识别财务报表日后发生的对本期财务报表产生重大影响的调整事项和非调整事项；(3)在尽量接近审计报告日时，查阅股东会、董事会及其专门委员会在财务报表日后举行会议的纪要，并在不能获取会议纪要时询问会议讨论的事项；(4)在尽量接近审计报告日时，查阅最近的中期财务报表、主要财务报表项目、重要合同和会计凭证；如认为必要和适当，还应当查阅预算、现金流量预测及其他相关管理报告；(5)在尽量接近审计报告日时，查阅被审计单位与客户、供应商、监管部门等的往来信函；(6)在尽量接近审计报告日时，向被审计单位律师或法律顾问询问有关诉讼和索赔事项；(7)在尽量接近审计报告日时，向管理层询问是否发生可能影响财务报表的期后事项。

(二)截至财务报表报出日前发现的事实

对于这一时段的期后事项，由于审计人员针对审计业务已经结束，要识别可能存在的期后事项比较困难，因为无法承担主动识别这一时段期后事项的审计责任。

但是，在这一时段，管理层有责任将发现的可能影响财务报表的事实告知审计人员。如果审计人员知悉可能对财务报表产生重大影响的事实，审计人员应当考虑是否需要修改财务报表，并与管理层讨论，同时根据具体情况采取适当措施。

1.管理层修改财务报表时的处理

如果管理层修改了财务报表，审计人员应当根据具体情况实施必要的审计程序，以验证管理层根据期后事项所做出的财务报表调整或披露是否符合企业会计准则和相关会计制度的规定，并根据修改后的财务报表出具新的审计报告和索取新的管理层声明书。新的审计报告日期不应早于董事会或类似机构批准修改后的财务报表日期。

2.管理层没有修改财务报表时的处理

审计人员认为应当修改财务报表而管理层没有修改，在审计报告未提交时，审计人员应当按照审计准则的规定，出具保留意见或否定意见的审计报告；如果审计报告已经提交，审计人员应当采取必要的补救措施。

(三)财务报表报出日后发现的事实

对于这一阶段的期后事项，审计人员没有义务针对财务报表做出查询。但是如果知悉在审计报告日已经存在、可能导致修改审计报告的事实，审计人员应当考虑是否需要修改财务报表，并与管理层讨论，并根据具体情况采取适当的措施。

1.管理层修改财务报表时的处理

审计人员应当采取以下必要的措施：(1)实施必要的审计程序。例如，查阅法院判决文件、复核会计处理或披露事项，确定管理层对财务报表的修改是否恰当；(2)复核管理层采取的措施能否确保所有收到原财务报表和审计报告的人士了解这一情况；(3)针对修改后的财务报表出具新的审计报告。新的审计报告应当增加强调事项段，提请财务报表使用者注意财务报表附注中对修改原财务报表原因的详细说明，以及审计人员出具的原审计报告。审计人员应当将用以识别期后事项的审计程序延伸至新的审计报告日，以避免重大遗漏。

2.管理层未采取任何行动时的处理

如果管理层没有采取任何行动确保所有收到原财务报表和审计报告的人士了解这一情况，审计人员应当采取措施防止财务报表使用者信赖该审计报告。

第三节　考虑持续经营

持续经营假设是指被审计单位在编制财务报表时，假定其经营活动在可预见的将来会继续下去，不拟也不必终止经营或破产清算，可以在正常的经营过程中变现资产、清偿债务。持续经营假设是会计确认和计量的四项基本假定之一，对财务报表的编制和审计关系重大。是否以持续经营假设为基础编制财务报表，将对会计确认、计量和列报产生很大影响。例如，对于固定资产，企业在持续经营假设基础上，以历史成本计价，并在预计使用年限内对该项资产计提折旧。通过此方式，可将资产的成本分摊到不同期间的费用中去，据以核算各个期间的损益。如果这一假设不再成立，该项资产应以清算价格计价。下面主要以注册会计师审计时对持续经营的考虑进行阐述。

通用目的财务报表是在持续经营基础上编制的，除非管理层计划将被审计单位予以清算或终止经营，或者除此之外没有其他现实可行的选择。特殊目的财务报表可以根据需要按照(或不按照)以持续经营为基础的财务报告编制基础编制。

一、管理层的责任和注册会计师的责任

(一)管理层的责任

某些适用的财务报告编制基础明确要求管理层对持续经营能力做出评估，并

规定了与此相关的需要考虑的事项和做出的披露。相关法律法规也可能对管理层评估持续经营能力的责任和相关财务报表披露做出具体规定。

由于持续经营假设是编制财务报表的基本原则,因此即使一些财务报告编制基础没有明确要求管理层对持续经营能力做出评估,管理层也需要在编制财务报表时评估持续经营能力。

管理层对持续经营能力的评估涉及在特定时点对事项或情况的未来结果做出判断,这些事项或情况的未来结果具有固有不确定性。下列因素与管理层的判断相关。

第一,某一事项或情况或其结果出现的时点距离管理层做出评估的时点越远,与事项或情况的结果相关的不确定性程度将显著增加。因此,明确要求管理层对持续经营能力做出评估的大多数财务报告编制基础可能规定了管理层应当考虑所有可获得信息的期间。

第二,被审计单位的规模和复杂程度、经营活动的性质和状况以及被审计单位受外部因素影响的程度,将影响对事项或情况的结果做出的判断。

第三,对未来的所有判断都以做出判断时可获得的信息为基础。管理层做出的判断在当时情况下可能是合理的,但之后发生的事项可能导致事项或情况的结果与做出的判断不一致。

(二)注册会计师的责任

注册会计师的责任是,就管理层在编制和列报财务报表时运用持续经营假设的适当性获取充分、适当的审计证据,并就持续经营能力是否存在重大不确定性得出结论。

即使编制财务报表时采用的财务报告编制基础没有明确要求管理层对持续经营能力做出专门评估,注册会计师的这种责任仍然存在。

二、风险评估程序和相关活动

注册会计师在按照规定实施风险评估程序时,应当考虑是否存在可能导致对被审计单位持续经营能力产生重大疑虑的事项或情况,并确定管理层是否已对被审计单位持续经营能力做出初步评估。

如果管理层已对持续经营能力做出初步评估,注册会计师应当与管理层进行讨论，并确定管理层是否已识别出单独或汇总起来可能导致对被审计单位持续经营能力产生重大疑虑的事项或情况；如果管理层已识别出这些事项或情况，注册会计师应当与其讨论应对计划；如果管理层未对持续经营能力做出初步评估，注册会计师应当与管理层讨论其拟运用持续经营假设的基础，询问管理层是否存在单独或汇总起来可能导致对被审计单位持续经营能力产生重大疑虑的事项或情况。

在计划审计工作和实施风险评估程序时，注册会计师应当考虑是否存在可能导致对持续经营能力产生重大疑虑的事项或情况及相关的经营风险，评价管理层对持续经营能力做出的评估，并考虑已识别的事项或情况对重大错报风险评估的影响。

被审计单位在财务、经营以及其他方面存在的某些事项或情况可能导致经营风险，这些事项或情况单独或连同其他事项或情况可能导致对持续经营假设产生重大疑虑。

三、评价管理层对持续经营能力的评估

管理层应当定期对其持续经营能力做出分析和判断，确定以持续经营假设为基础编制财务报表的适当性。管理层对被审计单位持续经营能力的评估，是注册会计师考虑管理层运用持续经营假设的一个关键部分。注册会计师应当评价管理层对持续经营能力做出的评估。

（一）管理层评估涵盖的期间

在评价管理层对被审计单位持续经营能力做出的评估时，注册会计师的评价期间应当与管理层按照适用的财务报告编制基础或法律法规（如果法律法规要求的期间更长）的规定做出评估的涵盖期间相同。

大多数明确要求管理层做出评估的财务报告编制基础都详细规定了管理层需要在多长期间考虑所有可获得的信息。持续经营假设是指被审计单位在编制财务报表时，假定其经营活动在可预见的将来会继续下去，而可预见的将来通常是指财务报表日后十二个月。因此，管理层对持续经营能力的合理评估期间应是自财务报表日起的下一个会计期间。如果管理层评估持续经营能力涵盖的期间短于自财务报表日起的十二个月，注册会计师应当提请管理层将其至少延长至自财务报表日起的十二个月。

(二)管理层的评估、支持性分析和注册会计师的评价

注册会计师没有责任纠正管理层缺乏分析的错误。在某些情况下,管理层缺乏详细分析以支持其评估,可能不妨碍注册会计师确定管理层运用持续经营假设是否适合具体情况。例如,如果被审计单位具有盈利经营的记录并很容易获得财务支持,管理层可能不需要进行详细分析就能做出评估。在这种情况下,如果其他审计程序足以使注册会计师认为管理层在编制财务报表时运用的持续经营假设适合具体情况,注册会计师可能无需实施详细的评价程序,就可以对管理层评估的适当性得出结论。

在其他情况下,注册会计师评价管理层对被审计单位持续经营能力所作的评估,可能包括评价管理层做出评估时遵循的程序、评估依据的假设、管理层的未来应对计划以及管理层的计划在当前情况下是否可行。

在评价管理层做出的评估时,注册会计师应当考虑管理层做出评估的过程、依据的假设以及应对计划。注册会计师应当考虑管理层做出的评估是否已考虑所有相关信息,其中包括注册会计师实施审计程序获取的信息。

管理层的评估所遵循的程序包括对可能导致对其持续经营能力产生重大疑虑的事项或情况的识别、对相关事项或情况结果的预测、对拟采取改善措施的考虑和计划以及最终的结论。在考虑管理层的评估程序时,注册会计师应当关注管理层是如何识别可能导致对其持续经营能力产生重大疑虑的事项或情况的,所识别的事项或情况是否完整,是否已对注册会计师在实施审计程序过程中发现的所有相关信息进行了充分考虑。

在考虑管理层做出的评估所依据的假设时,注册会计师应当考虑管理层对相关事项或情况结果的预测所依据的假设是否合理,并特别关注具有以下几类特征的假设:(1)对预测性信息具有重大影响的假设;(2)特别敏感的或容易发生变动的假设;(3)与历史趋势不一致的假设。注册会计师应当基于对被审计单位的了解,比较以前年度的预测与实际结果、本期的预测和截至目前的实际结果。如果发现某些因素的影响尚未反映在相关预测中,注册会计师应当与管理层讨论这些因素,必要时,要求管理层对相关预测所依据的假设做出修正。

四、识别出事项或情况时实施追加的审计程序

如果识别出可能导致对持续经营能力产生重大疑虑的事项或情况,注册会计

师应当通过实施追加的审计程序(包括考虑缓解因素)获取充分、适当的审计证据,以确定是否存在重大不确定性。这些程序应当包括以下几方面。

第一,如果管理层尚未对被审计单位持续经营能力做出评估,提请其进行评估。如果管理层没有对持续经营能力做出初步评估,注册会计师应当与管理层讨论运用持续经营假设的理由,询问是否存在导致对持续经营能力产生重大疑虑的事项或情况,并提请管理层对持续经营能力做出评估。

第二,评价管理层与经营能力评估相关的未来应对计划,这些计划的结果是否可能改善目前的状况,以及管理层的计划对于具体情况是否可行。

评价管理层未来应对计划。管理层的应对计划可能包括管理层变卖资产、对外借款、重组债务、削减或延缓开支或者获得新的资本。

第三,如果被审计单位已编制现金流量预测,且对预测的分析是评价管理层未来应对计划时考虑的事项或情况的未来结果的重要因素,评价用于编制预测的基础数据的可靠性,并确定预测所基于的假设是否具有充分的支持。

此外,注册会计师还可能将最近若干期间的预测性财务信息与实际结果相比较;将本期预测性财务信息与截至目前的实际结果相比较。

如果管理层的假设包括第三方通过放弃贷款优先求偿权、承诺保持或提供补充资金或担保等方式向被审计单位提供持续的支持,且这种支持对于被审计单位的持续经营能力很重要,注册会计师可能需要考虑要求该第三方提供书面确认(包括条款和条件),并获得有关该第三方有能力提供这种支持的证据。

第四,考虑自管理层做出评估后是否存在其他可获得的事实或信息。

第五,要求管理层和治理层(如适用)提供有关未来应对计划及其可行性的管理层声明。

如果合理预期不存在其他充分、适当的审计证据,注册会计师应当就对财务报表有重大影响的事项向管理层和治理层(如适用)获取管理层声明。

由于管理层就持续经营能力而提出的应对计划和其他缓解措施通常基于假设基础之上,注册会计师在进行评价时,取得的审计证据多为说服性而非结论性的,因此,注册会计师应当向管理层获取有关应对计划的管理层声明。

此外,尽管被审计单位当前可能是盈利的,但一些特殊的事项或情况可能导致被审计单位发生重大损失。为避免诸如诉讼事项可能发生的巨额赔偿支出,管理层将会考虑主动寻求破产保护。在这种情况下,获取管理层和治理层(如适用)声明是非常有必要的。注册会计师可以要求管理层和治理层(如适用)做出以下声明:“在财务报表日起的十二个月内,管理层和治理层(如适用)没有申请破产保护的计划。”

五、审计结论和报告

注册会计师应当根据获取的审计证据,运用职业判断,确定是否存在与事项或情况相关的重大不确定性(这些事项或情况单独或汇总起来可能导致对被审计单位持续经营能力产生重大疑虑)并考虑对审计意见的影响。

如果注册会计师根据职业判断认为,鉴于不确定性潜在影响的重要程度和发生的可能性,为了使财务报表实现公允反映,有必要适当披露该不确定性的性质和影响,则表明存在重大不确定性。

(一)被审计单位运用持续经营假设适当但存在重大不确定性

如果认为运用持续经营假设适合具体情况,但存在重大不确定性,注册会计师应当确定。

第一,财务报表是否已充分描述可能导致对持续经营能力产生重大疑虑的主要事项或情况,以及管理层针对这些事项或情况的应对计划。

第二,财务报表是否已清楚披露可能导致对持续经营能力产生重大疑虑的事项或情况存在重大不确定性,并由此导致被审计单位可能无法在正常的经营过程中变现资产和清偿债务。

(二)运用持续经营假设不适当

如果财务报表按照持续经营基础编制,而注册会计师运用职业判断认为管理层在编制财务报表时运用持续经营假设是不适当的,则无论财务报表中对管理层运用持续经营假设的不适当性是否做出披露,注册会计师均应发表否定意见。

如果在具体情况下运用持续经营假设是不适当的,但管理层被要求或自愿选择编制财务报表,则可以采用替代基础(如清算基础)编制财务报表。注册会计师可以对财务报表进行审计,前提是注册会计师确定替代基础在具体情况下是可接受的编制基础。如果财务报表对此做出了充分披露,注册会计师可以发表无保留意见,但也可能认为在审计报告中增加强调事项段是适当或必要的,以提醒财务报表使用者注意替代基础及其使用理由。

(三)严重拖延对财务报表的批准

如果管理层或治理层在财务报表日后严重拖延对财务报表的批准，注册会计师应当询问拖延的原因。如果认为拖延可能涉及与持续经营评估相关的事项或情况，注册会计师有必要实施前述识别出可能导致对持续经营能力产生重大疑虑的事项或情况时追加的审计程序，并就存在的重大不确定性考虑对审计结论的影响。

第四节 管理层声明

本节以注册会计师审计时获取的管理层声明为例介绍管理层声明的含义、类别、格式、内容等几个方面。

一、管理层声明的含义

管理层声明，是指管理层向注册会计师提供的关于财务报表的各项陈述(一般为书面)，用以确认某些事项或支持其他审计证据。管理层声明不包括财务报表及其认定，以及支持性账簿和相关记录。本书中单独提及管理层时，应当理解为管理层和治理层(如适用)。管理层负责按照适用的财务报告编制基础编制财务报表并使其实现公允反映。

管理层声明是注册会计师在财务报表审计中需要获取的必要信息，是审计证据的重要来源。如果管理层修改声明的内容或不提供注册会计师要求的声明，可能使注册会计师警觉存在重大问题的可能性。而且，在很多情况下，要求管理层提供书面声明而非口头声明，可以促使管理层更加认真地考虑声明所涉及的事项，从而提高声明的质量。

尽管管理层声明提供必要的审计证据，但其本身并不为所涉及的任何事项提供充分、适当的审计证据。而且，管理层已提供可靠管理层声明的事实，并不影响注册会计师就管理层责任履行情况或具体认定获取的其他审计证据的性质和范围。

二、管理层声明的类别

管理层声明一般包括两部分，一部分是针对管理层责任的声明；另一部分是支持与财务报表或者一项或多项具体认定相关的声明。

（一）针对管理层责任的声明

针对财务报表的编制，注册会计师应当要求管理层提供书面声明，确认其根据审计业务约定条款，履行了按照适用的财务报告编制基础编制财务报表并使其实现公允反映（如适用）的责任。

针对提供的信息和交易的完整性，注册会计师应当要求管理层就下列事项提供管理层声明：按照审计业务约定条款，已向注册会计师提供所有相关信息，并允许注册会计师不受限制地接触所有相关信息以及被审计单位内部人员和其他相关人员；所有交易均已记录并反映在财务报表中。

如果未从管理层获取其确认已履行的责任，注册会计师在审计过程中获取的有关管理层已履行这些责任的其他审计证据是不充分的。这是因为，仅凭其他审计证据不能判断管理层是否在认可并理解其责任的基础上，编制和列报财务报表并向注册会计师提供了相关信息。例如，如果未向管理层询问其是否提供了审计业务约定条款中要求提供的所有相关信息，也没有获得管理层的确认，注册会计师就不能认为管理层已提供了这些信息。

上述管理层声明，基于管理层认可并理解在审计业务约定条款中提及的管理层的责任，注册会计师要求管理层通过声明确认其已履行这些责任。注册会计师可能还要求管理层在管理层声明中再次确认其对自身责任的认可与理解。

（二）支持与财务报表或者一项或多项具体认定相关的声明

除针对管理层的声明和其他审计准则要求的管理层声明外，如果注册会计师认为有必要获取一项或多项其他管理层声明，以支持与财务报表或者一项或多项具体认定相关的其他审计证据，注册会计师应当要求管理层提供这些管理层声明。

1.关于财务报表的额外管理层声明

除了针对财务报表的编制，注册会计师应当要求管理层提供基本管理层声明以确认其履行了责任外，注册会计师可能认为有必要获取有关财务报表的其他管理层声明。其他管理层声明可能是对基本管理层声明的补充，但不构成其组成部分。其他管理层声明可能包括针对下列事项做出的声明：会计政策的选择和运用是否适当；是否按照适用的财务报告编制基础对资产、负债、资产的所有权或控制权、资产的留置权或其他物权、抵押资产和可能影响财务报表的法律法规及合同进行了确认、计量、列报或披露。

2.与向注册会计师提供信息有关的额外管理层声明

除了针对管理层提供的信息和交易的完整性的管理层声明外，注册会计师可能认为有必要要求管理层提供管理层声明，确认其已将注意到的所有内部控制缺陷向注册会计师通报。

3.关于特定认定的管理层声明

在获取有关管理层的判断和意图的证据时，或在对判断和意图进行评价时，注册会计师可能考虑下列一项或多项事项：被审计单位以前对声明的意图的实际实施情况；被审计单位选取特定措施的理由；被审计单位实施特定措施的能力；是否存在审计过程中已获取的、可能与管理层判断或意图不一致的任何其他信息。

三、管理层声明的日期和涵盖期间

管理层声明的日期应当尽量接近对财务报表出具审计报告的日期，但不得在审计报告日后。管理层声明应当涵盖审计报告针对的所有财务报表和期间。

由于管理层声明是必要的审计证据，在管理层签署管理层声明前，注册会计师不能发表审计意见，也不能签署审计报告。而且，由于注册会计师关注截至审计报告日发生的、可能需要在财务报表中做出相应调整或披露的事项，管理层声明的日期应当尽量接近对财务报表出具审计报告的日期，但不得在其之后。

在某些情况下，注册会计师在审计过程中获取有关财务报表特定认定的管理层声明可能是适当的。此时,可能有必要要求管理层更新管理层声明。管理层有时需要再次确认前期做出的管理层声明是否依然适当,因此,管理层声明需要涵盖审计报告中提及的所有期间。注册会计师和管理层可能认可某种形式的管理层声明,以更新前期所作的管理层声明。更新后的管理层声明需要表明,前期所作的声明是否发生了变化,以及发生了什么变化(如有)。

四、管理层声明的形式

书面声明应当以声明书的形式致送注册会计师。在某些国家或地区,法律法规可能要求管理层对自身责任做出公开的书面陈述。尽管这种陈述是向财务报表使用者或相关机构提供的,但注册会计师可能认为,它是部分或全部书面声明的一种适当形式。因此,这种陈述所涵盖的相关事项不必包括在声明书中。

第五节　考虑基本财务报表所附的信息和年度报告中的其他信息

在审计业务没有提出专门要求的情况下,审计意见不涵盖其他信息,审计人员没有专门责任确定其他信息是否得到适当陈述,审计意见也不需要涵盖其他信息。

但被审计单位根据有关法规或惯例在年度报告、招股说明书等含有已审计财务报表的文件中披露的信息,除经审计人员审计的财务报表以外,可能还包括其他财务信息或非财务信息。由于已审计财务报表与其他信息之间可能存在的重大不一致将损害已审计财务报表的可信性,审计人员需要阅读其他信息。

一、其他信息的含义

其他信息,是指根据法律法规的规定或惯例,在含有已审计财务报表的文件中包含的除已审计财务报表和审计报告以外的财务信息和非财务信息。例如,管理层或治理层的经营报告、财务数据摘要、高级管理人员的姓名等都会包含其他信息。

需要注意的是其他信息是根据法律法规的规定或惯例而披露的,并且是相对于已审计财务报表而言的其他信息包括财务信息和非财务信息。

二、审计责任

审计人员没有专门责任确定其他信息是否得到适当陈述。审计人员的责任只是对财务报表发表审计意见，工作重点即财务报表，但是为了降低审计风险，需要对含有已审计财务报表的文件中的其他信息予以关注。

如果审计人员识别出其他信息与财务报表的不一致可能为财务报表审计提供新的线索，审计人员可以就此实施追加审计程序；或由于其他信息与财务报表的不一致可能导致财务报表使用者对财务报表产生怀疑，进而影响到已审计财务报表的可信赖程度。

审计人员应当提请被审计单位做出适当安排，以便在审计报告日前获取其他信息。如果在审计报告日前无法获取所有其他信息，审计人员应当在审计报告日后尽早阅读其他信息以识别重大不一致。

三、重大不一致

(一)含义

不一致，是指其他信息与已审计财务报表中的信息相矛盾。重大不一致可能导致审计人员对依据以前获取的审计证据得出的审计结论产生怀疑，甚至对形成审计意见的基础产生怀疑。

其他信息有时会出现与已审计财务报表不一致的情况。但是这里强调的不是所有不一致的情况，而是重大的不一致。一项不一致是否重大，取决于特定环境下对不一致涉及的金额和性质的判断。审计人员需要遵循审计重要性原则，根据具体情况和审计经验加以判断。

审计人员在审计中常见的不一致事项主要可分为以下三类：一是其他信息中的数据和文字表述与已审计财务报表相关信息不一致；二是其他信息中的项目与已审计财务报表相关项目的编制基础不一致；三是其他信息中对数据影响的解释与已审计财务报表相关的数据不一致。

(二)识别出不一致时的处理

在阅读其他信息时,如果识别出重大不一致,审计人员应当确定已审计财务报表或其他信息是否需要做出修改。

1.在审计报告日前识别重大不一致时

(1)需要修改已审计财务报表而管理层拒绝修改时

如果在审计报告日前获取的其他信息中识别出重大不一致,并且需要对已审计财务报表做出修改,但管理层拒绝做出修改,审计人员应当按照审计准则的规定在审计报告中发表非无保留意见。

如果该事项对财务报表虽影响重大,但不至于出具否定意见的审计报告,审计人员应当出具保留意见的审计报告,将这些对审计意见有较大影响的事项在审计报告中明确提出,并说明其理由,指出该事项对被审计单位财务报表可能产生的影响;如果需要修改已审计财务报表而管理层拒绝修改,并且该事项对财务报表影响程度超出一定范围,以致财务报表不符合会计准则和相关会计制度的规定,不能在所有重大方面公允地反映被审计单位的财务状况、经营成果和现金流量,审计人员就不能发表保留意见,而只能发表否定意见。

(2)需要修改其他信息而管理层拒绝修改时

如果在审计报告日前获取的其他信息中识别出重大不一致,并且需要对其他信息做出修改,但管理层拒绝做出修改,除非治理层的所有成员参与管理被审计单位,审计人员应当就该事项与治理层进行沟通。

此外,审计人员还应当采取下列措施之一:在审计报告中增加其他事项段,说明重大不一致;拒绝提交审计报告;解除业务约定。

当然,除了在审计报告中增加其他事项段外,审计人员也可以采取拒绝提交审计报告或解除业务约定等其他适当措施。这类措施一般适用于其他信息中存在的未修改的不一致事项十分重大,审计人员出具审计报告或继续执行业务可能会而临巨大风险的情形。选择采取不出具审计报告或解除业务约定等措施之前,审计人员应当考虑审计、业务约定书规定的自身所应承担的义务和责任,必要时可以征询专家的意见。

2.在审计报告日后识别重大不一致时

当在审计报告日前无法获取所有其他信息时，审计人员应当在审计报告日后尽早阅读其他信息以识别重大不一致。但由于其他信息的准备未必与财务报表审计工作同步进行、同时完成，审计人员有时未必能在审计报告日获取全部其他信息。因此，如果在审计报告日前无法获取全部其他信息，审计人员应当在审计报告日后尽早阅读其他信息以识别重大不一致，并进而确定是否需要修改已审计财务报表或其他信息。

(1)需要修改已审计财务报表时

如果在审计报告日后获取的其他信息中识别出重大不一致，并且需要对已审计财务报表做出修改，审计人员应当区分在不同的时间段识别的事实，即审计报告日后至财务报表报出日前识别的事实和财务报表报出后识别的事实，采取相应的措施。

(2)需要修改其他信息且管理层同意修改时

如果在审计报告日后获取的其他信息中识别出重大不一致，并且需要对其他信息做出修改，同时管理层同意修改，审计人员应当根据具体情况实施必要的程序。审计人员实施的程序可能包括评价管理层采取的措施，以确保收到之前公布的财务报表、审计报告和其他信息的人员均被告知做出的修改。

(3)需要修改其他信息而管理层拒绝修改时

如果在审计报告日后获取的其他信息中识别出重大不一致，并且需要对其他信息做出修改，但管理层拒绝做出修改，除非治理层的所有成员参与管理被审计单位，审计人员应当将对其他信息的疑虑告知治理层，并采取适当的进一步措施，包括征询法律意见。

四、对事实的重大错报

(一)含义

对事实的错报，是指在其他信息中，对与已审计财务报表所反映事项不相关的信息做出的不正确陈述或列报。对事实的重大错报可能损害含有已审计财务报表的文件的可信性。

对事实的重大错报是其他信息所反映的事项与财务报表所反映的事项不相关,或者被审计单位对其他信息做出了不正确的陈述或列报。其他信息所反映的事项与财务报表所反映的事项可能相关,也可能不相关。如果相关,审计人员应当关注两者是否相互矛盾,即不一致;如果不相关,审计人员则应当注意其他信息所反映的事项是否存在对事实的重大错报。

审计人员对重大不一致是通过阅读其他信息去寻找、发现的,而对于对事实的重大错报,则只不过是在为发现重大不一致而阅读其他信息的过程中可能注意到的。因此,就审计人员对重大不一致和对事实的重大错报的关注责任而言,要求程度有明显区别。对于后者,只要求审计人员注意明显的对事实的重大错报。

(二)注意到其他信息存在对事实的重大错报时的处理

在阅读其他信息以识别重大不一致时,如果注意到明显的对事实的重大错报,审计人员应当与管理层讨论该事项。由于其他信息是由管理层负责披露的,管理层对其他信息内容的了解与认识通常应当比较全面、深入。就此事与管理层进行讨论,有助于审计人员分析、判断其他信息是否确实存在着对事实的重大错报。

第六节　评价审计结果

一、评价审计中的重大发现

重大发现涉及会计政策的选择、运用和一贯性的重大事项,包括相关的信息披露。这些信息披露包含但不限于说明复杂的或是不常见的交易活动、会计估计和包含管理层假设在内的不确定性。

在审计完成阶段,项目合伙人和审计项目组考虑的重大发现和事项的例子包括:(1)中期复核中的重大发现及其对审计方法的相关影响;(2)涉及会计政策的选择、运用和一贯性的重大事项,包括相关的披露;(3)就特别审计目标识别的重大风险,对审计策略和计划的审计程序所作的重大修正;(4)在与管理层和其他人员讨论重大发现和事项时得到的信息；(5)与审计人员的最终审计结论相矛盾或不一致的信息。

对已记录的审计程序进行评估，可能全部或部分地揭示出以下事项：(1)为了实现计划的审计目标，是否有必要对重要性进行修订；(2)对审计策略和计划的审计程序的重大修正，包括对审计目标的重大错报风险评估水平的重要变动；(3)对审计方法有重要影响的与财务报告相关的值得关注的内部控制的缺陷和其他弱点；(4)财务报表中存在的重大错报或漏报，包括相关披露和其他审计调整；(5)项目组成员内部，或项目组与项目质量控制复核人员或提供咨询的其他人员之间，就重大会计和审计事项达成最终结论所存在的意见分歧；(6)在实施审计程序时遭遇重大困难的情形；(7)向事务所内部有经验的专业人士或外部专业顾问咨询；(8)与管理层或其他人员就重大发现以及与审计人员的最终审计结论相矛盾或不一致的信息进行讨论。

审计人员在审计计划阶段对重要性的判断，与其在评估审计差异时对重要性的判断是不同的。如果在审计完成阶段确定的修订后的重要性水平远远低于在计划阶段确定的重要性水平，审计人员应重新评估已经获得的审计证据的充分性和适当性。重要性的任何变化都要求审计人员重新评估重大错报上限和审计策略。

如果审计项目组内部、项目组与被咨询者之间以及项目合伙人与项目质量控制复核人员之间存在意见分歧，审计项目组应当遵循事务所的政策和程序予以妥善处理。

二、汇总审计差异

审计差异内容按是否需要调整账户记录可分为核算错误和重分类错误。核算错误是因企业对经济业务进行了不正确的会计核算而引起的错误，用审计重要性原则来衡量每一项核算错误，又可把这些核算错误区分为建议调整的不符事项和不建议调整的不符事项(即未调整不符事项)；重分类错误是因企业未按企业会计准则列报财务报表而引起的错误，如企业在应收账款项目中反映的预收账款等。

无论是建议调整的不符事项、重分类错误，还是未调整不符事项，在审计工作底稿中通常都是以会计分录的形式反映。由于审计中发现的错误往往不止一两项，为便于审计项目的各项负责人综合判断、分析和决定，也为了便于有效编制试算平衡表和代编经审计的财务报表，通常需要将这些建议调整的不符事项、重分类错误以及未调整不符事项分别汇总至“账项调整分录汇总表”“重分类调整分录汇总表”与“未更正错报汇总表”。

三、复核审计工作底稿和财务报表

(一)对财务报表总体合理性实施分析程序

在审计结束或临近结束时，审计人员运用分析程序的目的是确定经审计调整后的财务报表整体是否与对被审计单位的了解一致，是否具有合理性。审计人员应当围绕这一目的运用分析程序。

在运用分析程序进行总体复核时，如果识别出以前未识别的重大错报风险，审计人员应当重新考虑对全部或部分各类交易、账户余额、披露评估的风险是否恰当，并在此基础上重新评价之前计划的审计程序是否充分，是否有必要追加审计程序。

(二)评价审计结果

审计人员评价审计结果，主要是为了确定审计意见的类型以及在整个审计工作中是否遵循了审计准则。为此，审计人员必须完成两项工作：一是对重要性和审计风险进行最终的评价；二是对被审计单位已审计财务报表形成审计意见并草拟审计报告。

1. 对重要性和审计风险进行最终的评价

这是审计人员决定发表何种类型审计意见的必要过程。该过程可通过以下两个步骤来完成：(1)确定可能的错报金额。可能的错报金额包括已经识别的具体错报和推断误差；(2)根据财务报表层次的重要性水平，确定可能的错报金额的汇总数(即可能错报总额)对整个财务报表的影响程度。

审计人员在审计计划阶段已确定了审计风险的可接受水平。随着可能错报总额的增加，财务报表可能被严重错报的风险也会增加。如果审计人员得出结论，审计风险处在一个可接受的水平，则可以直接提出审计结果所支持的意见；如果审计人员认为审计风险不能接受，则应追加审计测试或者说服被审计单位做必要调整，以便将重要错报的风险降低到可接受的水平；否则，审计人员应慎重考虑该审计风险对审计报告的影响。

2. 对被审计单位已审计财务报表形成审计意见并草拟审计报告

在审计过程中，要实施各种测试。这些测试通常是由参与本次审计工作的审计项目组成员来执行的，而每个成员所执行的测试可能只限于某几个领域或账项，所以，在每个业务循环或报表项目的测试都完成之后，审计项目经理应汇总所有成员的审计结果。

在完成审计工作阶段，为了对财务报表整体发表适当的意见，必须将这些分散的审计结果加以汇总和评价，综合考虑在审计过程中收集到的全部证据。负责该审计项目的合伙人对这些工作负有最终责任。在有些情况下，这些工作可以先由审计项目经理初步完成，然后再逐级交给部门经理和项目合伙人认真复核。

在对审计意见形成最后决定之前，会计师事务所通常要与被审计单位召开沟通会。在沟通会上，审计人员可口头报告本次审计所发现的问题，并说明建议被审计单位做必要调整或表外披露的理由。当然，管理层也可以在会上申辩其立场。最后，通常会对需要被审计单位做出的改变达成协议。如达成了协议，审计人员一般即可签发标准审计报告；否则，审计人员则可能不得不发表其他类型的审计意见。审计人员的审计意见是通过审计报告来反映的，下一章将介绍不同类型的审计报告。

3. 复核审计工作底稿

会计师事务所应当建立完善的审计工作底稿分级复核制度。对审计工作底稿的复核可分为两个层次：项目组内部复核和独立的项目质量控制复核。

(1)项目组内部复核

项目组内部复核又分为两个层次：项目负责经理的现场复核和项目合伙人的复核。

(2)独立的项目质量控制复核

项目质量控制复核是指在出具报告前，对项目组做出的重大判断和在准备报告时形成的结论做出客观评价的过程。项目质量控制复核也称独立复核。

四、对审计工作底稿进行独立复核的意义

(一)对审计工作结果实施最后质量控制

审计工作的高质量,在于形成审计意见的正确性。审计人员在审计工作中将工作结果和工作过程中的各种情况记录于审计工作底稿中,并据此形成审计意见。若形成的审计意见与工作结果存在矛盾,审计人员的工作就会失去有效性。对签发审计报告前的审计工作底稿进行独立复核,是对审计工作结果实施的最后质量控制,能避免对重大审计问题的遗留或对具体审计工作理解不透彻等情况,从而形成与审计工作结果相一致的审计意见。

(二)确认审计工作已达到会计师事务所的工作标准

会计师事务所对开展各项审计工作,都应有明确、统一的标准。但在执行过程中,会计师事务所内不同审计人员的工作质量会有差异,有的甚至可能背离统一的工作标准。因此,必须进行独立复核,严格保持整体审计工作质量的一致性,确认该审计工作已达到会计师事务所的工作标准。

(三)消除妨碍审计人员判断的偏见

在审计工作中,常常需要审计人员对各种问题做出专业判断。审计人员可能期望在整个审计过程中保持客观性,但如有大量问题需要解决而又经过长时间的审计,就容易丧失正确的观察能力和判断能力,对一些问题做出不符合事实的审计结论。而进行独立复核,可以消除妨碍审计人员正确判断的偏见,做出符合事实的审计结论。

参考文献

[1]张营军.财务管理与审计[M].哈尔滨:黑龙江科学技术出版社,2016.

[2]冯婧.财务管理与审计创新[M].北京:光明日报出版社,2016.

[3]余源鹏.房地产公司财务管理宝典财务预算、会计核算、资金、资产与内部审计工作指南[M].北京:化学工业出版社,2016.

[4]中国注册会计师协会.注册会计师教材会计经济法税法财务管理公司审计全6本2016版[M].北京:经济科学出版社;北京:中国财政经济出版社,2016.

[5]史元.高等学校会计学与财务管理专业系列教材审计学[M].2版.北京:高等教育出版社,2016.

[6]李雪,房巧玲.财务管理专业职教师资培养资源开发(VTNE074)成果系列丛书审计原理与实务[M].北京:中国财政经济出版社,2016.

[7]中国注册会计师协会.注册会计师教材CPA注会教材公司战略CPA考试辅导用书税法经济法审计财务成本管理全6本2016版[M].北京:中国财政经济出版社,2016.

[8]陈希晖.审计法规与准则[M].沈阳:东北财经大学出版社,2016.

[9]李红.财务管理学[M].西安:西安电子科技大学出版社,2016.

[10]林忠华.审计感悟[M].上海:立信会计出版社,2016.

[11]陈世辉,马嘉萌,王建康.财务管理与审计创新[M].长春:吉林人民出版社,2017.

[12]韩雪丽,刘东,许名卉.企业财务管理与审计工作研究[M].天津:天津科学技术出版社,2017.

[13]徐丰利,李永军.基本建设财务核算管理与审计[M].北京:石油工业出版社,2017.

[14]李兆华,孔凡.中国科学院规划教材会计学及财务管理系列审计学[M].2版.北京:科学出版社,2017.

[15]李建军.财务管理流程·制度·表格[M].上海:立信会计出版社,2017.

[16]李建军.财务文书写作格式与范本[M].上海:立信会计出版社,2017.

[17]邓川.审计[M].4版.沈阳:东北财经大学出版社,2017.

[18]么秀杰.中·小·微企业财务会计管理实务[M].北京:中国铁道出版社,2017.